LIVRET

SERVANT DE GUIDE

A L'EXPOSITION ANNUELLE

DES

PLANS-RELIEFS

DES

PLACES DE GUERRE,

PAR T. LECHALAT

(Avec planche gravée.)

PARIS

Chez l'Auteur, grande-rue 120, (ancien Vaugirard)

1863

E. Lechalat, Grande-rue, N° 120,
à Paris-Vaugirard.

En vente

Chez le même auteur

Le Catalogue des Plans-reliefs des Places de guerre, pour l'Exposition annuelle de 1863, vol. in-16 de 68 pages ; broché, 60 centimes.

Ce Catalogue est un abrégé du Livret ; il donne aux visiteurs de la Galerie des Plans-reliefs la nomenclature, alphabétique et par ordre de Salles, des plans exposés, avec les détails relatifs aux échelles de construction et aux dimensions de ces plans, les noms des artistes par qui ils ont été construits, et l'indication sommaire des ouvrages de fortification que les plans représentent.

LIVRET

SERVANT DE GUIDE

A L'EXPOSITION ANNUELLE

DES

PLANS-RELIEFS

DES

PLACES DE GUERRE

Paris. — Imp. A. Bosc, 8, rue Mayet.

LIVRET

SERVANT DE GUIDE

A L'EXPOSITION ANNUELLE

DES

PLANS-RELIEFS

DES

PLACES DE GUERRE,

PAR T. LECHALAT.

(Avec planche gravée.)

PARIS

Chez l'Auteur, grande-rue, 120, (ancien Vaugirard).

1863

Avis.

La Galerie des Plans-reliefs des places de guerre est située à l'Hôtel impérial des Invalides, dans le pavillon de l'Ouest.

L'Exposition publique dure environ six semaines; elle commence ordinairement en mai et finit en juin; pendant sa durée, la Galerie est ouverte tous les jours de midi à quatre heures.

Nota. — Les billets d'entrée à la Galerie sont délivrés pour quatre personnes, sur une demande adressée soit à S. E. le Ministre de la Guerre, soit à M. le Général de division, Sénateur, Directeur du Dépôt des Fortifications.

Tout exemplaire de cet ouvrage non revêtu de la griffe de l'auteur sera réputé contrefait et tout contrefacteur ou débitant de contrefaçons sera poursuivi conformément aux lois.

F. Lechalas

Sommaire.

Livret
servant de guide
à l'Exposition annuelle
des Plans-reliefs
des Places de guerre (1).

Chapitre Premier.
Notice sur la Galerie des Plans-reliefs des Places de guerre.

Origine et formation de la Galerie.

Louvois écrivait à Vauban le 20 décembre 1668: « Vous » savez que j'ai dessein de faire faire le relief de la place d'Ath » comme elle sera lorsqu'elle sera achevée. Je vous prie » de ne pas manquer de laisser ès mains de Lalande des » plans et profils très-justes, afin que celui que je chargerai » de faire ce relief puisse, lorsqu'il ira sur les lieux, » l'exécuter. »

C'est à cette lettre du grand ministre à l'illustre ingénieur que l'on doit l'idée d'une collection de plans en relief des places de guerre. En effet, le plus ancien de ces plans mentionné dans les archives, et dont la date remonte

(1) Les principaux renseignements que ce chapitre renferme ont été puisés dans une notice historique sur la Galerie des Plans-reliefs des places de guerre de M. le colonel Augoyat. (Extrait du Spectateur militaire, 15 juin 1853.)

à 1668, est celui de la place d'Ath, l'une de celles que Louis XIV fit construire après la paix d'Aix-la-Chapelle entre la France et l'Espagne. Un second relief vint bientôt s'ajouter au premier, ce fut celui de la citadelle de Lille; on y joignit, vers la même époque, un relief de Narbonne qui avait été construit en 1665, à une petite échelle, par F. Andréossy, ingénieur employé, sous Riquet, au canal du Midi.

Louis XIV, qui avait fait fortifier ou améliorer toutes les places de guerre de la France, et qui en avait conquis un grand nombre à l'étranger, reconnut l'utilité de réunir, près de lui, les plans en relief de ces diverses places; il assigna, en conséquence, pour emplacement à ces plans, la galerie de communication entre les Tuileries et le Louvre connue sous le nom de Galerie du Louvre; la même qui, à partir de l'époque du Consulat, a été consacrée au musée de peinture.

Cinquante plans-reliefs ont été construits sous le règne de Louis XIV. Sous celui de son successeur, on construisit divers autres reliefs parmi lesquels figurent encore aujourd'hui les plans de Briançon et de Saint-Omer; le relief du fort Philippe, à Mahon, fut exécuté en 1756, dans un atelier préparé à cet effet à l'extrémité contiguë au pavillon de Flore. A partir de 1765 jusqu'en 1794, on s'attacha principalement à restaurer les anciens reliefs, et pendant cette période, on en construisit peu de neufs. La collection était déjà considérable en 1777, on comptait alors cent vingt plans. A cette époque elle fut transférée dans la partie de l'hôtel des Invalides où elle se trouve encore aujourd'hui; plusieurs d'entr'eux furent alors détruits. On exécuta, de 1794 à 1800, le plan de Toulon, comprenant la place, le port, les bassins et une partie de la petite rade. Le périmètre adopté ne comprend pas la redoute anglaise dont la prise décida l'évacuation de la ville par les ennemis.

L'Empereur Napoléon Ier affectionnait particulièrement la Galerie des Plans-reliefs, et, sous son règne la collection prit un notable accroissement. On restaura plusieurs des anciens reliefs, et on exécuta, de 1805 à 1813, le plan de Brest, le relief du passage du pont de Lodi et trois autres représentant, l'un un simulacre d'escalade; le second, un simulacre d'assaut; et le dernier, le simulacre de passage de vive force d'un pont; ainsi que ceux des positions de la Spezia, de l'île Vido et du Mont-Cenis. Celui de Cherbourg, avec ses rades et les forts qui le défendent contre un bombardement, fut commencé sous Napoléon Ier et achevé sous la Restauration.

En 1815, la Galerie n'échappa pas à la spoliation dévastatrice de nos musées par l'étranger: les Prussiens mirent dans cet établissement un piquet armé qui y stationna pendant plus d'un mois, et durant leur séjour, ils enlevèrent vingt reliefs de places fortes de notre frontière entre le Rhin et l'Océan. Peu de temps après, les reliefs de diverses places du Piémont et de la Hollande, que la réunion de ces États à la France avait mis en notre possession, furent rendus à ces puissances.

Sous la Restauration, on construisit les reliefs de Bayonne, de Metz, d'Avesnes, du château de Joux, de Bitche, de Maubeuge, et on restaura ceux de Belfort et du fort Chapus.

En 1834, on exécuta le plan relief du siège de la citadelle d'Anvers, et en 1836 celui de Strasbourg. À la même époque la Galerie s'enrichit d'une carte en relief de la Suisse, exécutée en 1822 par M. Léonard Gaudin, de Genève. À partir de 1838, on entreprit les reliefs de Marsal et de Sedan; on exécuta deux reliefs du fort l'Écluse, dont un à l'échelle de 1 pour 200 et à pièces mobiles; on construisit le relief de la forteresse du Mont-Valérien, aussi à pièces mobiles, et celui de la place de Grenoble, le plus remarquable de la Galerie.

Après 1848, on suspendit le travail relatif au relief de Toul, pris on commença celui de Verdun. On a construit, vers le même temps, à l'échelle du $\frac{1}{400^e}$, sur le dessin de M. le Capitaine du génie Mangin, le relief d'un front complet de fortification, pour servir d'étude aux élèves de l'École d'application du corps d'État-major, lequel a été exécuté, avec la plus grande exactitude, par M. Laloustte.

La Galerie fut dotée, en 1852, du relief de Constantine exécuté sur les lieux, en 1851, par MM. Duclaux et Abadie, artistes étrangers au personnel de l'établissement. En 1852, la collection s'augmenta encore du relief de Rome; en 1853, de ceux de l'île de la Réunion et du fort du Larmont. On compléta la même année les reliefs de Bitche et de Sedan; on acheva, en 1856, celui de Verdun; on construisit, en 1858, celui de Laon. En 1860, on compléta le plan de Marsal, et l'année suivante, on acheva celui de Toul. Présentement le relief de Strasbourg est l'objet d'une grande restauration. Tout récemment, enfin, la collection de la Galerie vient de s'augmenter de trois nouveaux reliefs exécutés par M. Foulley, ancien militaire de l'Empire, lequel en a fait hommage à S. M. l'Empereur Napoléon III ; ce sont le défilé sur la place Vendôme des premières troupes de l'armée d'Orient rentrant à Paris le 29 décembre 1856 ; l'arrivée du Duc d'Orléans à l'hôtel de Ville de Paris le 31 juillet 1830 ; et la Défense de Mazagran les 3, 4 et 5 février 1840.

A diverses époques, on a exécuté en outre, à la Galerie, un assez grand nombre de plans, soit comme systèmes de fortification, soit comme reliefs d'étude.

Dans l'origine on a construit les plans-reliefs à l'échelle de 1 pour 600 (1 pied pour 100 toises). Malgré la mise en pratique du système décimal, on a continué à les exécuter à la même échelle, dans le but de faciliter la comparaison entre les anciens et les nouveaux reliefs.

L'échelle du $\frac{1}{600}$ a été reconnue comme suffisante pour la représentation des détails à exprimer dans un plan d'ensemble. Pour les reliefs des forts isolés et les reliefs d'étude, on emploie une échelle plus grande ; pour les positions militaires, on fait usage d'une échelle plus petite.

L'échelle de construction des plans-reliefs est toujours la même pour les dimensions horizontales et pour les dimensions verticales (1).

Les divers ingénieurs, conservateurs et directeurs de la Galerie.

On remarque les ingénieurs La Deveze, Nézot, Larcher-Daubancourt et Gengembre (2) parmi les premiers qui ont pris part à la direction et aux travaux de la Galerie des plans-reliefs. Par suite de la loi du 10 juillet 1791, qui crée le Comité des fortifications, le lieutenant-colonel d'Assigny fut chargé de la conservation de la Galerie ; Benezech de Saint-Honoré lui succéda en 1792. L'année suivante Carnot jeune fut chargé de cet emploi ; on lui adjoignit le capitaine Morlet. En 1794, Morlet, chef de brigade, remplaça Carnot ; le commandant Prieur lui fut adjoint en 1800. En 1801, le commandant Boucher-Morlaincourt fut nommé directeur du Dépôt des plans-reliefs et d'un nouveau Dépôt créé en l'an IX pour former une collection de machines militaires et de construction qui occupe une salle particulière dans les galeries. Il fut remplacé, en 1805, par M. Advenier-Fonteuille. M. Allent, secrétaire du Comité des fortifications,

(1) Le relief de la Suisse faisant partie de la collection de la Galerie fait exception à cette règle générale, les dimensions verticales y sont représentées sur une échelle bien plus grande que celle qui a servi à figurer les distances horizontales. L'auteur de ce relief a voulu faire produire à son œuvre un plus grand effet pittoresque.

(2) Guislain-Joseph Gengembre, né en 1734, est mort le 29 octobre 1809 ; il fut nommé ingénieur géographe en 1766 ; c'est à lui que

lui succéda en 1808 (1), avec le capitaine Bayard pour adjoint.

La place de conservateur de la Galerie fut créée en 1810, et accordée au capitaine du génie Bonnet en échange de son grade dans l'armée. M. Bonnet exerça ses fonctions jusqu'à son décès arrivé en 1838. M. le lieutenant-colonel du génie en retraite Audé lui succéda le 17 juin de la même année; mais il ne prit possession de son emploi que quelques mois plus tard, pendant lesquels M. Boitard, topographe à la Galerie, remplit l'intérim des fonctions de conservateur. Après le décès de M. Audé, l'archiviste-bibliothécaire du Dépôt des fortifications, M. Augoyat, ancien colonel du génie, fut nommé le 10 mai 1848 conservateur de la Galerie des plans-reliefs. C'est encore cet officier supérieur qui remplit aujourd'hui cet emploi.

Progrès de l'art dans la construction des plans-reliefs.

Les plans et cartes en relief sont l'expression, rendue plus sensible par la forme, les contours et les couleurs, des plans et cartes graphiques ou gravés. De nos jours, les plans exécutés en plâtre et les cartes modelées en carton-pâte sont arrivés à un haut degré de perfection; ces dernières, notamment

l'on doit la réparation et la conservation de tout les anciens reliefs de la Galerie, dont il s'occupa pendant près de soixante ans.

(1) Depuis cette époque, l'emploi de directeur ou sous-directeur du Dépôt et de la Galerie a toujours été jusqu'en 1820 joint à celui de secrétaire du Comité des fortifications. En 1820, cet emploi entra dans les attributions de M. le général Monfort; en 1822, dans celles de l'inspecteur général du service du génie. Enfin, par une ordonnance du 27 avril 1830, la Galerie fut mise sous la direction et la surveillance immédiate du Comité des fortifications, état de choses encore existant.

se sont beaucoup propagées, grâce aux moyens puissement mé-
caniques par lesquels on peut les reproduire à un certain nombre d'exemplaires. Mais les plans en relief dont la base est la
menuiserie, et qui servent principalement à la représentation
de monuments, de montagnes et de villes tout entières, sont
d'un usage beaucoup moins répandu; cela tient à l'énorme
dépense de leur exécution (1).

Dans le commencement, ces plans n'ont pas toujours
été exécutés avec une grande perfection; la collection que le
Gouvernement avait entreprise à l'égard des places de guerre se
ressentait elle-même, en 1763, de la rapidité avec laquelle on
les avait construits: on remarquait, dans leur exécution, la
défectuosité de la menuiserie, le mauvais état du relief en carton qui, cloué sur de légers tasseaux, n'avait pu résister aux
moindres chocs, et avait changé de forme suivant les varia-
tions de la température; les insectes avaient eux-mêmes
contribué à leur détérioration; enfin les plans ne représen-
taient plus que des tableaux dépouillés de toutes couleurs.
Le Maréchal de Belle-Isle, alors ministre de la guerre, pour
remédier à cet état de choses, ordonna leur restauration
qui, commencée comme il a déjà été dit, en 1763, ne fut
terminée qu'en 1794.

Sous le règne de Louis XIV et partie de celui de Louis XV, les
reliefs de la Galerie avaient été construits sur les lieux, et on
s'était servi de procédés trop expéditifs pour pouvoir leur donner l'exactitude et la perfection que les plans exécutés depuis ont obtenues.

A partir de 1756, la construction des plans-reliefs des places
de guerre, des postes et des positions militaires ne se fit

(1) Le prix de revient des plans en relief construits à la Galerie est de 700 à 1200 francs le mètre carré de la superficie des
reliefs; c'est au premier de ces prix qu'est revenue, en 1856, la dépense du plan de Verdun, et au dernier, en 1848, celle du plan de
Grenoble.

plus sur les lieux, on la centralisa à Paris dans un seul et unique atelier. Cette circonstance, jointe à l'exécution toujours opérée par un même personnel d'artistes, contribua beaucoup à donner aux nouveaux plans un grand degré de précision et une grande uniformité dans le travail. On commença, à cette époque, à substituer la soie à la laine pour représenter les cultures et les gazons. Une heureuse amélioration, due à M. Bonnet, fut un système de pieds à vis cachés par des socles mobiles; ces vis sont en cuivre de 0^{m},08 de longueur, leurs écrous sont en fer et percés dans le bois de fil, ils sont enchâssés dans les pieds; par ce moyen, on peut facilement, sans le secours de cales, mettre les plans de niveau sur un sol inégal. Une autre amélioration, due également à M. Bonnet, consiste dans le méridien en fil de laiton placé au-dessus des reliefs pour en indiquer l'orientation. Les arbres, eux-mêmes, se ressentirent des progrès de l'art, et, sous ce rapport, il est facile de distinguer les nouveaux reliefs des anciens.

Sous le premier Empire, on mit en pratique, pour le lever des places de guerre, un nouveau système déjà connu, mais qui n'avait pas encore été employé d'une manière générale, lequel consistait à remplacer, sur les dessins topographiques, les hachures par des courbes horizontales équidistantes, comme exprimant mieux la représentation du terrain. S. M. l'Empereur Napoléon Ier, ayant ordonné, en 1809, de lever de cette manière, pour le service des Conseils d'administration du génie, les environs des places dans un rayon de 800^{m}, on s'est servi, depuis lors, à la Galerie, de ces mêmes levers pour la construction des épures des plans-reliefs (1).

Depuis cette époque les progrès de l'art ne s'arrêtèrent

(1) Le premier plan relief construit à la Galerie par le procédé des courbes horizontales équidistantes est celui de l'île Vido, qui couvre la rade de Corfou; il a été exécuté en 1813-1814.

plus dans la construction des reliefs : on parvint à une plus grande ressemblance dans les surfaces d'eau, à une imitation plus parfaite de la végétation. Enfin, depuis plusieurs années, une nouvelle méthode est pratiquée avec de grands avantages dans les ateliers de la galerie pour la décoration des reliefs: on supprime la première opération dite le sablage, qui consistait, après avoir appliqué une couche de colle liquide sur les tables des reliefs, à les saupoudrer d'un sable fin et sec, sur lequel on passait, à plusieurs reprises, une petite truelle. Par le nouveau procédé, on enduit d'abord les tables de deux couches de couleur à l'huile d'une teinte propre à servir de fond à la végétation ; quand cette peinture est bien sèche, on étend sur les parties qu'on veut décorer une couche du mordant qui est employé à la fabrication du papier tontisse, et on les saupoudre de soie hachée ou de sable suivant la nature du terrain (1).

Presque tous les plans-reliefs portent maintenant sur les parois extérieures des tables qui les supportent, l'indication des altitudes, et mêmes pour quelques uns, la désignation des couches géologiques du terrain.

Les reliefs étant surmontés d'un grillage en fil de fer, à barreaux très-espacés, destiné à soutenir, sur toute leur étendue, la couverture que l'on y place pour les préserver de toute destruction, on a imaginé de faire servir les intervalles des carrés de ce grillage à une représentation uniforme des distances pour tous les plans ; ces intervalles indiquent constamment un espace de 200 mètres, ce qui permet ainsi de s'en servir comme d'échelle dans tous les sens.

Reliefs les plus remarquables.

Parmi les plans-reliefs les plus remarquables, on doit

(1) La première application de ce procédé, qui est dû à M. Boitard père, a été faite par lui aux reliefs du fort l'Écluse, en 1841.

distinguer les suivants :

Briançon et Saint-Omer. — Ouvrages de l'ingénieur Mézou.

Un grand nombre des plus anciens plans dont la restauration a rempli toute la période de travail de l'ingénieur géographe Gengembre, qui avait à la Galerie le titre de Chef des travaux.

Le Passage du pont de Lodi, le Simulacre d'escalade et de surprise, par un temps de neige, d'une ville fortifiée à l'antique ; le Simulacre d'assaut d'une ville fortifiée à la moderne, et le Simulacre de passage de vive force d'un pont ; exécutés par M. Boitard aîné en 1805.

Brest. — Ce plan a été vivement admiré par l'Empereur Napoléon Ier, en 1813, « Voilà, a-t-il dit, un beau et magnifique ouvrage ! c'est beau, c'est très-beau ! Où est l'Impératrice, allez chercher l'Impératrice, dites-lui qu'elle n'a rien vu de comparable, qu'elle vienne ? » La vue de ce plan excite l'admiration de tous les visiteurs. — Il a été construit sous le premier Empire.

Metz, le fort de Joux et celui du Larmont, Avesnes, Bitche, Maubeuge et le Mont-Cenis. — Ces reliefs sont à remarquer.

Cherbourg. — Il est le plus grand relief que l'on ait encore construit : il a 17 mètres de longueur sur 9m,50 de largeur. Son ensemble comprend l'île Pelée, la Digue, le fort de Querqueville et les redoutes avancées du côté de terre. Ce plan est établi au carrefour de deux galeries, et on a opéré une coupure dans la rade, qui permet aux visiteurs de passer d'une galerie dans l'autre. En examinant ce relief et en le comparant avec celui de Brest, par exemple, on reconnaît un progrès dans l'exécution des surfaces d'eau.

Bayonne. — Ce plan a 8m,30 de longueur sur 6m,54 de largeur ; il comprend la belle position militaire que le Duc de Dalmatie a occupée en 1813.

Le Siège de la Citadelle d'Anvers. — Ce relief a été exécuté sur les levers, profilés, nivellements et vues faits et pris sur les lieux par MM. Leymonnerye et Édouard Boitard. Le premier de ces deux artistes a dirigé l'exécution de cet ouvrage.

La Suisse. — C'est une carte en relief modelée en pâte de carton par M. Léonard Gaudin, membre de la Société des Beaux-arts de Genève (1).

Strasbourg. — Ce relief a été achevé en 1836; il présente un rectangle dont un côté a 10^m 90 et l'autre 6^m 60; il contient la citadelle, la Robertsau et le cours du Rhin, et est remarquable par la variété de la végétation, la quantité des bâtisses, et par la cathédrale, exécutée par M. Leymonnerye avec une finesse et une exactitude extrêmes. — On le restaure en ce moment pour y ajouter le chemin de fer et le pont de Kehl.

Marsal et Sedan. — Ces deux plans ont été nouvellement complétés.

Le fort l'Écluse. — Il y a deux plans de ce fort, l'un à l'échelle du $\frac{1}{600}$ e, qui contient les environs, et l'autre à l'échelle du $\frac{1}{200}$, qui ne représente pas le terrain environnant; les pièces de ce dernier plan sont mobiles. — Ce fort se compose de deux ouvrages distincts : celui qui est inférieur est élevé de 45 mètres au-dessus du Rhône, la route de Genève passe au travers; l'autre est construit à 190 mètres au-dessus du premier; ils communiquent ensemble par un escalier souterrain taillé dans le roc, qui compte onze cent soixante-quatorze marches. — Le modelage de ce relief est de M. Clément père, la décoration a été traitée par M. Boitard père, qui depuis 1822 avait

(1) Cette carte a été acquise de l'auteur par le Gouvernement français, en 1838, moyennant la somme de 3,600 francs.

la conduite des travaux, à la Galerie.

La forteresse du Mont-Valérien. — Ce relief, qui a été construit à pièces mobiles, avait été exécuté pour l'instruction du jeune comte de Paris, et avait été déposé au pavillon Marsan ; il en a été retiré après 1848 pour être placé dans la Galerie des plans-reliefs.

Grenoble. — Ce plan a été exécuté sous la direction de M. le lieutenant-colonel Audé, et achevé en 1848. Il comprend, au nord, le Mont-Rachais, élevé de 840 mètres au-dessus de l'Isère, et, à l'ouest, le cours du Drac. Sa superficie est de 54 mètres carrés. Les roches sont l'ouvrage de M. Leymonnerye, topographe principal, qui dirige l'atelier de modelage. Cet artiste les a modelées et peintes d'après les vues qu'il a prises sur les lieux. — Tous les visiteurs admirent particulièrement ce beau relief, qui se recommande à leur attention par la fidélité avec laquelle ont été rendus les accidents de son site pittoresque.

Le Siège de Rome en 1849. — Ce plan représente tout le terrain des attaques, le Transtevère et la partie de la ville qui borde le Tibre, depuis le pont Sixte jusqu'au Mont-Aventin ; il a été terminé en 1852. — On y remarque la couleur jaunâtre que les eaux du Tibre présentent le plus habituellement.

Constantine. — Ce relief a été exécuté aux frais du Gouvernement et sur les lieux, comme il a déjà été dit, par MM. Duclaux et Abadie ; il est construit en liège. La ville y est représentée, mais elle n'y est pas achevée ; on y voit le rocher sur lequel elle est située et les berges du profond ravin où coule le Rummel, qui la ceint sur la moitié de son pourtour ; ce fleuve, à sa chute, à l'ouest de la ville, forme des cascades très-remarquables. — Les maisons et les édifices de la ville sont l'ouvrage de M. Duclaux, artiste qui s'entendait parfaitement à travailler le liège ; le rocher de Constantine et le ravin du Rummel ont été exécutés sous la Direction de Mr. Abadie.

Verdun, Laon et Toul. — Ces trois plans sont d'une construction toute récente ; ils permettent aux visiteurs de remarquer la grande amélioration obtenue, de nos jours, dans la confection des plans-reliefs de la Galerie.

Utilité des plans en relief.

Notre galerie des plans-reliefs des places de guerre forme un musée de fortification unique en Europe, et qui présente des notions aussi promptes qu'exactes sur les places fortes de la France. Elle est d'une grande utilité aux ingénieurs militaires, en leur permettant de décider toutes les questions relatives au terrain qu'il s'agit d'occuper et de défendre, et en les mettant à même de prononcer sur le système de protection qui convient le mieux à chaque position. Elle n'est pas moins utile aux élèves des écoles spéciales militaires, qui viennent étudier, sous la conduite de leurs professeurs, les divers systèmes de fortification. Cet établissement est ainsi pour l'arme du Génie, ce que sont, pour la Marine, l'Artillerie et la Mécanique, les collections des musées de la Marine, de l'Artillerie et du Conservatoire des Arts et métiers.

La dépense portée au budget du Génie pour la Galerie des plans-reliefs est bien faible en comparaison des services que rend cet établissement. Elle est de 20,000 francs ; avant 1849, elle était plus considérable.

Cette Galerie possède aujourd'hui soixante-deux plans en relief, qui figurent aux expositions annuelles, dont cinquante tant de places de guerre que de principaux postes militaires de la France, deux de l'Algérie, un seul de nos colonies, et cinq de diverses places ou positions étrangères ; elle n'en possède pas encore de la Corse.

Il s'écoulera un grand nombre d'années avant qu'elle possède une collection complète des places de France, car la construction des plans est d'une très-longue exécution.

Dans le principe, la Galerie des Reliefs était inaccessible au public : elle ne s'ouvrait, avant 1792, que sur un ordre du Roi, pour les ministres, les généraux et les étrangers de distinction.

En mars 1799, une première exposition eut lieu pour les membres du Directoire, les représentants du peuple et les généraux.

Peu après l'exposition devint publique ; elle a lieu maintenant, tous les ans, en mai ou en juin. Le ministre de la guerre en ordonne l'ouverture, et les visiteurs n'y sont admis que munis de billets d'entrée ; ces billets sont pour quatre personnes. Il est délivré, chaque année, au moment de l'exposition, qui dure environ six semaines, de six à sept mille billets ; en 1855, année de la grande exposition universelle de l'industrie, il avait été délivré douze mille billets, et l'affluence des visiteurs était si grande qu'on prolongea la durée habituelle de l'exposition des plans.

Il est interdit aux visiteurs de dessiner ou de prendre aucune note d'après les reliefs ; l'autorité militaire exerce à cet égard la plus grande surveillance pendant la durée des expositions publiques.

Nota. — On voit aussi dans la bibliothèque de l'hôtel des Invalides le plan en relief de cet hôtel, qui a été exécuté par les artistes de la Galerie, sous la direction de M. le conservateur Bonnet.

Il existe au conservatoire des Arts et Métiers une carte en relief des environs de Metz, très-remarquable; elle a été exécutée par un ancien professeur à l'école d'application de l'artillerie et du génie.

Il se trouve à la bibliothèque impériale, au cabinet des cartes et plans, une collection de cartes géographiques en relief, dont les principales représentent la France, le Simplon, la forêt Noire, le Wurtemberg, la colonie de Surinam, etc.

Enfin, il y a au Louvre un musée de Marine, où se trouvent les plans-reliefs des ports de France.

Chapitre II.
Personnel attaché à la conservation de la Galerie.

MM. Augoyat, C✳, ancien colonel du génie, conservateur.

Leymonnerye, ✳, topographe principal.

Boitard (A. E.), topographe.

Lalouette, modeleur.

Clément (François), topographe.

Berlin, modeleur.

Geniole, portier.

Avant 1848, la Galerie comptait un employé de plus et un homme de peine.

Chapitre III.
Nomenclatures des places de guerre
et des postes militaires
dont les plans sont exposés.

Nota. — Les trois nomenclatures qui suivent sont données pour faciliter aux visiteurs une plus prompte recherche de la notice historique relative à la place dont le plan s'offrira à leur vue.

Ces notices, qui font spécialement l'objet du chapitre V, sont classées par ordre de salles, et se suivent dans l'ordre alphabétique. On ne les a pas fait figurer au présent livret dans l'ordre où les plans sont placés dans les salles, par le motif que l'emplacement actuel de ces plans est susceptible d'être modifié.

1° Par ordre de frontières.

Frontière du Nord.
- Aire.
- Arras.
- Avesnes.
- Calais.
- Douai.
- Gravelines.
- Landrecies.
- Laon.
- Maubeuge.
- Mont-Valérien (la forteresse du).
- Saint-Omer.

Frontière du Nord-Est.	Bitche. Marsal. Metz. Rocroi. Sedan. Toul. Verdun.
Frontière du Rhin.	Belfort. Neuf-Brisach. Strasbourg.
Frontière du Jura.	Besançon. Joux (le château de) et le fort du Larmont.
Frontière des Alpes.	Briançon. Ecluse (le fort l'), à petite échelle. Ecluse (le fort l'), à grande échelle. Embrun. Fort-Barrault. Grenoble. Mont-Dauphin.
Frontière de la Méditerranée.	Antibes. If (le château d'). Lérins (les îles de). Saint-Nicolas (le fort), à Marseille. Saint-Tropez. Toulon.
Frontière des Pyrénées.	Bayonne. Fort-les-Bains. La-Garde (le fort), de Pratz-de-Mollo. Perpignan. Villefranche.

Frontière de l'Océan	Belle-île.
	Brest.
	Chapus (le fort).
	Cherbourg.
	Conchée (ville de la).
	Médoc (le fort).
	Mont-Saint-Michel (le).
Algérie.	Constantine.
	Mazagran (la défense de).
Colonie française	Réunion (l'île de la).
Pays étrangers.	Anvers (le siége de la citadelle d').
	Lodi (le passage du pont de).
	Mont-Cenis (le).
	Rome (le siége de).
	Saragosse (vue des ruines de).
	Suisse (la).
Faits d'armes militaires supposés	Simulacre (le) d'escalade et de surprise, par un temps de neige, d'une fortif.ⁿ à l'antique.
	Simulacre (le) d'assaut d'une ville fortifiée à la moderne.
	Simulacre (le) de passage de vive force d'un pont.
Divers.	Défilé des troupes (le) de l'armée d'Orient.
	Hôtel de ville de Paris (l').

2° Par ordre alphabétique, avec indication des salles d'exposition.

Aire	3 S	(G)
Antibes	1 S	
Anvers (le Siège de la citadelle d')	2 S	
Arras	3 S	(D)
Avesnes	3 S	(D)
Bayonne	1 S	
Belfort	3 S	(D)
Belle-île	3 S	(G)
Besançon	3 S	(D)
Bitché	3 S	(D)
Brest	2 S	
Briançon	1 S	
Calais	3 S	(G)
Chapus (le fort)	1 S	
Cherbourg	1 S	
Conchée (l'île de la)	3 S	(G)
Constantine	3 S	(G)
Défilé (le) des troupes de l'armée d'Orient	4 S	
Douai	3 S	(G)
Ecluse (le fort l'), à petite échelle	2 S	
Ecluse (le fort l'), à grande échelle	2 S	
Embrun	1 S	
Fort-les-Bains	1 S	
Fort-Barrault	3 S	(D)
Gravelines	3 S	(G)
Grenoble	2 S	
Hôtel de ville de Paris (l')	4 S	

Simulacre (le) de passage de vive
    force d'un pont........................ 3 S (G)
Strasbourg............................... 1 S
Suisse (la)............................... 3 S (D)

Toul.................................... 1 S
Toulon................................. 1 S

Verdun................................. 1 S
Villefranche........................... 1 S

Nota. — 1 S signifie 1ère Salle; — 2 S signifie 2e Salle;
— 3 S (D) signifie 3e Salle (partie de droite); — 3 S (G) signifie 3e Salle (partie de gauche); — 4 S signifie 4e Salle.

3° Par ordre de salles.

Nota. — Les plans mentionnés dans la présente table se suivent dans l'ordre alphabétique, et non dans l'ordre d'emplacement qu'ils occupent dans chaque salle, par le motif que la disposition actuelle de cet emplacement est susceptible d'être modifiée. — Cette table indique les pages du livret où se trouvent la description du relief, ainsi que la situation et l'historique militaire de la place ou du poste.

Pages.

Première Salle.
(19 plans.)

Chapitre IV.

Définition sommaire des principaux ouvrages de fortification représentés par les plans-reliefs.

La Fortification est régulière ou irrégulière, naturelle ou artificielle, permanente, passagère ou de campagne, offensive ou défensive, dominante ou rasante. — La fortification régulière est la meilleure; mais, pour l'employer, il faut que le terrain se trouve invariablement favorable à son exécution; alors toutes les parties fortifiées, se trouvant égales entr'elles, peuvent être mieux défendues l'une par l'autre. — Quant le terrain est par trop inégal, on fait usage de la fortification irrégulière. — La fortification naturelle est celle dont la situation en rend l'accès difficile ou inaccessible à l'ennemi; le sommet d'une montagne, des rochers escarpés, des marais sont des fortifications naturelles. — Pour la fortification artificielle, on emploie le secours de l'art. — La fortification permanente est celle d'une place forte ou forteresse, d'une citadelle, d'un fort, etc. — La fortification passagère est celle d'un camp. — La fortification de campagne n'est destinée qu'à résister à une attaque brusque. — La fortification offensive a pour objet les précautions à prendre pour attaquer avec avantage, ainsi qu'on le fait dans la guerre des sièges. — La fortification défensive consiste à prendre les précautions propres à apporter une forte résistance à l'ennemi. — L'ancienne fortification était toujours dominante; la fortification moderne est devenue rasante.

Dans l'origine, la fortification permanente ne consistait qu'en de simples murailles entourant les villes; elle devint plus compliquée et plus résistante à mesure que les armes devinrent plus offensives. C'est ainsi d'abord qu'on imagina les machicoulis, les tours carrées ensuite, puis les tours rondes, et qu'on couvrit plus tard les enceintes par des fossés.

La fortification prit le nom de moderne après l'invention de la poudre (1) et des armes à feu; on éleva alors, derrière les murailles, des masses de terre qu'on nomma remparts; ensuite, on substitua, aux tours, des redans, qui furent, peu de temps après, modifiés en sacrifiant une partie de leurs faces pour former des flancs perpendiculaires aux courtines. Ce nouveau système, qui remonte au XVI° siècle, et qui est d'origine italienne, s'appela bastionné, et fut généralement adopté à sa naissance; il est encore employé aujourd'hui sauf en Allemagne et dans le Nord de l'Europe, où l'on rejette la fortification bastionnée, pour adopter la fortification dite polygonale ou à caponnières, laquelle comporte de nombreuses casemates à plusieurs étages.

L'histoire de la fortification depuis l'époque de transition (1527) jusque vers la fin du XVIII° siècle, est distinguée en trois périodes principales et successives: l'italienne, la hollandaise et la française.

De nos jours, deux systèmes sont en présence. L'un consiste à construire un parapet continu, embrassant tout l'espace à couvrir, et ne laissant que quelques sorties étroites et bien protégées pour se porter au dehors. L'autre ne comporte que des ouvrages isolés,

(1) On commença à se servir de la poudre dans le XIV° siècle pour la défense des places, et dans le XV° siècle pour l'attaque.

construite de manière à se défendre réciproquement, à croiser leurs feux sur tout le terrain intermédiaire, et à laisser aux défenseurs des intervalles toute liberté d'action pour se porter en avant quand les circonstances l'exigent. C'est ce dernier système qui semble prévaloir aujourd'hui.

Albert Dürer fut le premier qui modifia l'ancienne fortification, et sa méthode peut être considérée comme le passage entre l'ancienne et la nouvelle fortification. San Micheli, ingénieur italien, fut l'inventeur du bastion. Errard, de Bar-le-Duc, fut le premier français qui ait écrit sur la fortification bastionnée; son ouvrage date de 1594. Le chevalier deVille et le comte de Pagan perfectionnèrent ce mode de fortification, notamment en agrandissant les bastions; le dernier de ces ingénieurs sut plier la fortification au terrain. Le plus célèbre des ingénieurs français est sans contredit le maréchal de Vauban; il naquit en 1633 et mourut en 1707; il fit cinquante-trois sièges, construisit trente-trois places de guerre, et en répara un grand nombre; il est auteur de trois systèmes de fortification bastionnée. On lui doit l'invention du tir à ricochet, le perfectionnement des manœuvres d'eau, des contre-mines et des camps retranchés sous les places. Vauban eut pour émule le hollandais Coëhorn, et pour disciple Cormontaingne, ingénieur français. Le marquis de Montalembert critiqua la forme bastionnée, et proposa en 1776 un système à tenailles, et en 1777 un système polygonal, qui lui valut de nombreux adhérents en Allemagne. La France a encore eu, comme ingénieurs, Carnot et le général Haxo.

Le visiteur de la Galerie, non encore initié aux

termes et à la connaissance des ouvrages de fortification, pourra trouver, dans l'énumération alphabétique suivante et à l'aide du dessin qui se trouve
en regard, les renseignements propres à les lui faire
connaître et à les lui faire distinguer les uns des
autres.

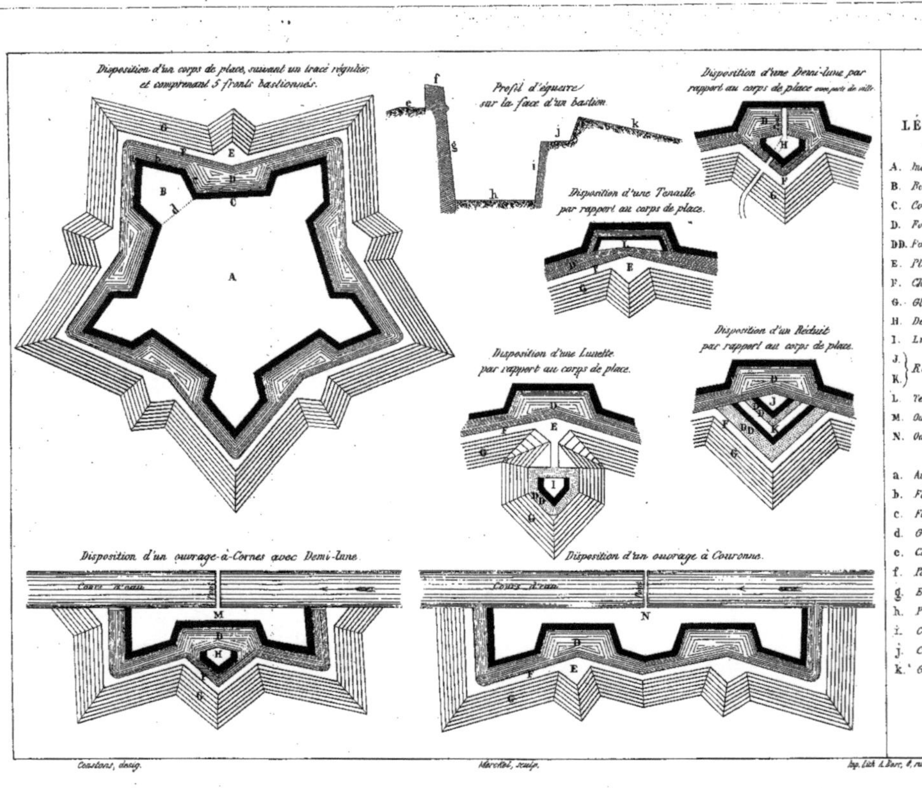

Disposition d'un corps de place, suivant un tracé régulier, et comprenant 5 fronts bastionnés.
Profil d'équerre sur la face d'un bastion.
Disposition d'une Demi-lune par rapport au corps de place en partie de ville.
Disposition d'une Tenaille par rapport au corps de place.
Disposition d'une Lunette par rapport au corps de place.
Disposition d'un Réduit par rapport au corps de place.
Disposition d'un ouvrage-à-Cornes avec Demi-lune.
Disposition d'un ouvrage à Couronne.
LÉGENDE.
A. Intérieur de la Place.
B. Bastion.
C. Courtine.
D. Fossé inondé.
DD. Fossé sec.
E. Place d'armes.
F. Chemin couvert.
G. Glacis.
H. Demi-lune.
I. Lunette.
J. K. Réduit.
L. Tenaille.
M. Ouvrage-à-Cornes.
N. Ouvrage à Couronne.
a. Angle du bastion.
b. Face du bastion.
c. Flanc du bastion.
d. Gorge du bastion.
e. Chemin de ronde.
f. Parapet.
g. Escarpe.
h. Fossé.
i. Contrescarpe.
j. Chemin couvert.
k. Glacis.
Constans, desig.
Marchal, sculp.
Imp. Lith. L. Barr, 8, rue Mazet.

Énumération alphabétique
des principaux ouvrages de fortification.

Approches. — Ce sont les divers travaux exécutés par les assiégeants pour se rendre maîtres d'une place; les principaux sont les tranchées, les mines, les sapes, les logements, les batteries, les épaulements, les galeries, etc.

Bastion. — C'est une grande masse de terre ordinairement revêtue de maçonnerie, à cinq côtés, dont deux sont les faces, qui forment un angle saillant sur la campagne; deux autres côtés sont les flancs, qui joignent les faces à la courtine; le cinquième est nommé gorge, il est toujours du côté de l'intérieur de la place. Les bastions ont remplacé les tours rondes ou carrées placées, de distance en distance, dans les enceintes de la fortification ancienne.

Batterie. — C'est l'emplacement couvert d'un épaulement, où l'on distribue des pièces d'artillerie, soit pour inquiéter l'ennemi, soit pour attaquer une place de guerre; on emploie cet ouvrage dans la fortification passagère et dans celle de campagne. On construit aussi des batteries sur le littoral des côtes, dans ce cas, elles sont établies d'une manière stable; elles servent alors à la défense des frontières maritimes, et on les appelle batteries de côte. Lorsqu'elles sont tout-à-fait isolées, on les accompagne d'un réduit servant à la fois de logement et de défense aux troupes chargées de faire le service de ces batteries; ces réduits sont appelés tours ou corps-de-garde défensifs, les tours sont à un étage et les corps-de-garde à simple rez-de-chaussée ; les uns et les autres sont voûtés à l'épreuve de la bombe et ont une plate-forme.

Camp retranché. — C'est l'espace de terrain occupé par un corps d'armée ; il est assis dans le voisinage d'une place, et se trouve protégé par le canon de cette place.

Caponnière. — C'est un ouvrage construit pour défendre directement le passage du fossé des faces des bastions, et assurer aux défenseurs la communication entre la place et les ouvrages extérieurs.

Cavalier. — C'est une élévation de terre formée sur le dessin du bastion, dans le terre-plein du rempart, pour y placer des bouches à feu. Il y a aussi des cavaliers de tranchées.

Château. — C'est un lieu fortifié, qui est bâti à l'antique, ayant un donjon dans sa partie la plus élevée, pour lui servir de réduit. Les châteaux fortifiés sont remplacés par des forts depuis l'ère de la fortification moderne. Il en existe encore quelques uns en France.

Chemin couvert. — C'est la ligne qui termine le fossé vers la campagne, et qui règne sur tout le pourtour des ouvrages extérieurs de la place.

Citadelle. — C'est une espèce de fort presque toujours attaché à l'enceinte d'une place, et disposé de manière à commander la ville et la campagne. Les citadelles servent de refuge à la garnison lorsqu'elle est forcée d'abandonner la place, et qu'elle a l'intention de soutenir un nouveau siége ou d'obtenir une capitulation avantageuse. Elles sont utiles aussi pour maîtriser une ville nouvellement acquise, ou dont la fidélité n'inspire pas de confiance. On donne quelquefois des réduits aux citadelles.

Contre-approches. — Ce sont les lignes ou tranchées des assiégés, pour reconnaître celles des assiégeants.

Contre-garde. — C'est un ouvrage composé de deux faces formant un angle saillant vis-à-vis de l'angle flanqué du bastion.

Contrescarpe. — On entend par ce mot le glacis, le chemin couvert et le talus du fossé opposé au corps de place.

Corps-de-garde. — C'est un logement au rez-de-chaussée pour contenir les soldats destinés à garder un poste. Il y a des corps-de-garde qu'on appelle défensifs et qui sont destinés à servir de logement et en même temps de réduit aux défenseurs des batteries de côte.

Corps de place. — C'est ce qui forme l'enceinte d'une place, comme les courtines et les bastions.

Courtine. — C'est la partie de la muraille ou du rempart comprise entre deux bastions.

Dehors. — On comprend parmi les Dehors les ouvrages isolés qui sont soumis au corps de place et qui sont défendus par lui, tels que les Demi-lunes, les contre-gardes, etc. ; le chemin couvert est aussi compris dans cette dénomination.

Demi-lune ou ravelin. — C'est un ouvrage construit vis-à-vis les courtines, et qui est composé de deux faces formant un angle saillant sur la campagne et de deux demi-gorges du côté de la place. Les demi-lunes servent à couvrir la courtine, les flancs des bastions et les portes des villes.

Donjon. — C'est la partie la plus élevée d'un château bâti à l'antique ; il est ainsi une espèce de petit fort renfermé dans un autre plus grand, et destiné à servir de retraite aux défenseurs de ce dernier.

Double-couronne. — Elle a trois, quatre et même cinq côtés, assez longs les uns et les autres pour qu'on puisse les bastionner ; elle contient deux ou trois bastions centraux, et est terminée par deux demi-bastions. On construit les doubles-couronnes quand la couronne simple est jugée insuffisante.

Enceinte. — C'est la circonférence qui borne une ville entourée de murs, d'une place fortifiée et d'un camp.

Escarpe. — C'est la face extérieure du rempart qui descend jusqu'au fond du fossé ; elle est opposée à la contrescarpe.

Esplanade. — C'est le glacis ou terre-plain qui se trouve entre la ville et la citadelle.

Fausse-braie. — C'est une seconde enceinte terrassée comme la première, qui n'en est pas séparée par un fossé, mais dont le terre-plain joint l'escarpe de la première enceinte ; on s'en servait autrefois pour ajouter à la défense du fossé. Les tenailles placées en face de la courtine en tiennent lieu aujourd'hui.

Fort. — C'est un lieu renfermant des établissements militaires, et destiné, comme les places fortes, à la défense d'un territoire quelconque ; il est aussi comme elles entouré de fortifications permanentes. Son espace n'a que peu de capacité et ne contient pas d'habitations particulières. Les forts sont pourvus d'un réduit. On construit aussi des forts pour s'opposer à la descente de l'ennemi sur les côtes. On en élève même en mer, qui sont fondés sur des enrochements artificiels, et qui comportent plusieurs étages de batteries ; ces derniers servent à défendre une passe, l'entrée d'un port et d'une rade ; on leur donne le nom de forts en mer.

Fort détaché. — C'est un ouvrage isolé qui est situé à une certaine distance d'une place forte. Les forts détachés se défendent réciproquement.

Forteresse. — C'est le nom donné, d'une manière générale, à toutes les places fortes grandes ou petites.

Fortification. — (La définition en est donnée au premier paragraphe du présent chapitre, page 35.)

Fortin. — C'est un petit fort.

Fossé. — C'est la profondeur pratiquée au pied extérieur du rempart ; la ligne qui termine le fossé du côté de la campagne s'appelle contrescarpe. Les fossés sont secs ou remplis d'eau, suivant la position des lieux.

Front de fortification. — C'est un côté de l'enceinte d'une place composé d'une courtine et deux demi-bastions.

Glacis. — C'est le parapet du chemin couvert, dont la hauteur se perd dans la campagne.

Gorge. — C'est l'entrée du bastion, de la demi-lune et de tout ouvrage extérieur.

Hironde (Queue d'). — C'est une sorte d'ouvrage-à-cornes, qui a un angle rentrant au milieu, et dont les deux extrémités se terminent par un angle saillant.

Lunette. — C'est une espèce de demi-lune composée de deux faces formant un angle saillant sur la campagne.

Ouvrage-à-cornes. — C'est une pièce détachée du corps de place. Il se compose de deux demi-bastions réunis par une courtine ; chaque angle saillant est formé par un long côté qui remonte vers la place ; l'extrémité de chacun de ces deux côtés forme la demi-gorge.

Ouvrage à couronne. — Cet ouvrage est composé d'un bastion entre deux courtines et de deux demi-bastions avec leurs ailes. Il y a aussi des doubles-couronnes.

Ouvrages avancés. — Ils comprennent les lunettes, les ouvrages-à-cornes, les ouvrages à couronne et les doubles-couronnes.

Ouvrages détachés. — On comprend sous cette dénomination tous les ouvrages sans exception dont on couvre le corps de place du côté de la campagne.

Ouvrages extérieurs. — Ce sont les dehors, les ouvrages avancés et les ouvrages détachés.

Ouvrages intérieurs. — Ce sont les cavaliers, les retranchements, les réduits, les citadelles. Ils servent à compléter et à prolonger la défense.

Parapet. — C'est la partie supérieure du rempart.

Pâté. — C'est le nom d'un petit ouvrage irrégulier dont la forme prend la figure du terrain sur lequel on le construit ; on l'élève ordinairement dans les environs du glacis.

Pays ouvert. — C'est la désignation qu'on donne à un territoire, quand il ne s'y trouve ni rivières, ni montagnes, ni forts, ni forteresses qui en empêchent l'accès.

Pièces détachées. — Ce sont les demi-lunes, les contre-scarpes, les ouvrages-à-cornes, les ouvrages à couronne, les bastions mêmes, lorsqu'ils ne tiennent pas au corps de place, les redoutes, et en général toute fortification qui n'appartient pas à l'enceinte de la place.

Place d'armes. — Celles des chemins couverts sont les espaces saillants et rentrants qui servent à flanquer les branches de ce chemin ; celles des places de guerre sont au centre de la ville ; celles d'un camp sont à la tête du camp. Ces deux dernières servent aux rassemblements de troupes.

Place de guerre. — Voir Place forte.

Place forte. — C'est un lieu destiné à la défense d'un territoire contre l'invasion d'un ennemi. Ordinairement c'est une ville entourée de toutes parts de fortifications permanentes, et renfermant des établissements militaires de diverses natures. Lorsque son enceinte n'est pas continue, ou qu'elle n'est pas flanquée sur tout son développement, ce n'est plus une place forte, on la désigne alors sous le nom de poste militaire. Les places fortes sont presque toujours pourvues d'une citadelle ou d'un réduit. Elles couvrent les grands établissements militaires et maritimes d'un État ; elles préservent les grandes villes d'une occupation par l'ennemi ; elles servent d'entrepôt pour l'approvisionnement des armées. Généralement, elles sont assises sur des cours d'eau, ou occupent une position dominante ; elles barrent une route, interceptent la navigation et le passage des rivières, commandent une vallée ; elles défendent un port ; elles font enfin partie d'une base d'opérations militaires.

Pont-levis. — Ce pont, qui s'élève et s'abaisse à volonté, est placé sur le fossé, devant les portes des places de guerre ; son tablier, lorsqu'il est levé, couvre tout l'extérieur de la porte.

Porte d'une place de guerre. — Elle se trouve toujours sur le milieu d'une courtine, pour être bien défendue des flancs et des faces des bastions. Les clefs de toutes les portes d'entrée d'une place de guerre sont remises tous les soirs au commandant de cette place.

Position militaire. — C'est un terrain choisi pour y placer un ou plusieurs corps de troupes, à l'effet de suivre des opérations de guerre.

Poste militaire. — C'est un lieu possédant des établissements militaires, une ville, par exemple, dont l'enceinte présente des trouées mal fermées et dont le flanquement est imparfait. Les postes militaires sont destinés, comme les forteresses et les forts, à la défense d'un territoire quelconque. Ils ne sont ordinairement occupés qu'accidentellement, au moment du besoin.

Ravelin. — Voir Demi-lune.

Redan. — C'est, dans l'enceinte d'une place ou d'un retranchement, divers ouvrages disposés en dents de

cie, de manière à ce qu'ils se défendent réciproquement.

Redoute. — C'est un petit fort dont on fait usage
dans la fortification permanente ; mais encore
plus souvent dans la fortification passagère.

Réduit. — C'est une fortification bien inférieure à
la force d'une citadelle. On construit des réduits
dans les demi-lunes pour donner un refuge aux
troupes forcées d'abandonner ces dernières. Les forts
et les batteries de côte en sont dotés ; les citadelles
en ont quelquefois.

Rempart. — C'est une levée de terre qui enferme la
place de tous côtés. Le but du rempart est de mettre
les maisons de la ville à l'abri des attaques de l'ennemi, et d'élever les défenseurs de la place de
manière qu'ils découvrent bien la campagne.

Tenaille. — C'est un ouvrage extérieur composé de
deux faces formant un angle rentrant ; les branches
de la tenaille sont disposées comme celles de l'ouvrage
à-cornes.

Tenaillons. — Ce sont des ouvrages qui couvrent les
faces des demi-lunes et qui leur forment une espèce
de contregarde.

Tours. — Les tours rondes ou carrées que l'on pla-
çait, de distance en distance, dans les enceintes de la
fortification ancienne sont depuis longtemps remplacées par les bastions de la fortification moderne.

Ville ouverte. — C'est-à-dire dépouillée de ses
murs et de toute fortification, ou qui n'en a
jamais eu.

Première Salle d'exposition.

Chapitre V.

Notice sur chacune des places
et sur chacun des postes
dont les plans sont exposés(1).

Antibes.

Plan-relief à l'échelle du $\frac{1}{600}$e, de 4^m,75 de longueur, sur 3^m,58 de largeur, construit en 1754, par Nézot, ingénieur. — Ce plan représente la place, sa citadelle et un fort détaché, d'après l'état des lieux en 1754.

Antibes est une place forte française de 1ère classe, comprise dans la frontière de la Méditerranée ; c'est un chef-lieu de canton de l'arrondissement de Grasse, dans le Département des Alpes Maritimes ; elle dépend du 4e corps d'armée et de la 5e subdivision de la 9e division militaire ; (elle faisait partie du département du Var avant l'annexion à la France du comté de Nice en 1860) ; elle possède un petit port et une garnison d'infanterie, et est située sur la Méditerranée à 20

(1) La première partie de chaque notice donne la description du relief, et la seconde contient la situation et l'historique militaire de la place ou du poste.

Kilom. de Grasse et 30 Kilom. de Nice. Elle contient 6,500 habitants.

C'était, dans l'origine, une colonie marseillaise fondée sous le nom d'Antipolis, 340 ans avant J.-C. Les romains en firent une place d'armes après l'occupation de Marseille par Jules César. A la chute de l'Empire romain, elle fut successivement au pouvoir de divers peuples barbares. Les sarrasins la détruisirent dans le siècle suivant. Plus tard François Ier commença à y élever des fortifications qui furent continuées par Henri IV. Elle fut assiégée en 1746 par les impériaux, les anglais et les piémontais, qui levèrent le siège au comencement de l'année suivante. Les fortifications de cette place ont été notablement augmentées sous le règne de Louis XIV. Le fort Carré, situé à 2 kilom., concourt à la défense.

Première Salle d'exposition.

Bayonne.

Plan-relief à l'échelle du $\frac{1}{600}$e, de 8 m,50 de longueur, sur 6 m,54 de largeur, construit, en 1822, par les artistes dela Galerie, sous la direction de M. Bonnet ; la cathédrale est l'œuvre de M. Athanase Barby. — Ce plan renferme la place, la citadelle et plusieurs ouvrages détachés ; il comprend la position militaire occupée par le Duc de Dalmatie, dela fin de 1813 au 22 février 1814 ; le tout suivant l'état des lieux en 1822.

Bayonne est une place forte française de 1ère classe, comprise dans la frontière des Pyrénées ; c'est un chef-lieu d'arrondissement dans le Département des Basses-Pyrénées ; elle est aussi le chef-lieu de la 13e division militaire et dela 1ère subdivision, d'une direction d'artillerie et d'une direction du génie, et elle dépend du 6e corps d'armée ; elle est le siège d'un conseil de guerre, et possède un port, des chantiers de construction pour la marine de l'État et une garnison d'infanterie ; elle est située sur la rive gauche de l'Adour au confluent de cette rivière et de la Nive, à l'extrémité d'un embranchement du chemin de fer de Paris-Lyon-Méditerranée, allant à Bordeaux, à 4 Kil. de l'Océan et à 82 Kil. de Pau. Elle renferme 19,000 habitants.

Cette place fut prise par Charles VII, sur les anglais, vers le milieu du XVe siècle. Les espagnols ont tenté, à plusieurs reprises de s'en emparer, mais sans y réussir. Elle soutint un siège, en 1814, contre l'armée anglo-espagnole.

Elle est située au confluent de la Nive et de l'Adour ;

ces deux rivières, qui éprouvent le flux et le reflux de la mer, la divise en trois parties à peu-près égales ; la partie qui s'étend sur la rive gauche de la Nive renferme le vieux château ; celle qui se trouve entre la Nive et l'Adour contient le château neuf flanqué de quatre tours ; la troisième partie (le faubourg du Saint-Esprit), renferme la citadelle, située sur une hauteur et commandant toute la ville, laquelle est entourée de murailles et de fossés profonds.

Les camps retranchés de Marac et de Mousserolles et divers ouvrages détachés concourent aujourd'hui à la défense.

D'après quelques auteurs, ce serait cette ville qui aurait donné son nom à la bayonnette.

Première Salle d'exposition.

Briançon.

Plan - relief à l'échelle du $\frac{1}{600}$, de 7,^m90 de longueur sur 5,^m56 de largeur, construit en 1736, par Nezot. — Ce plan représente la ville avec les forts détachés qui la défendent, suivant l'état des lieux en 1736.

Briançon est une place forte française de 1ère classe, comprise dans la frontière des Alpes ; c'est un chef-lieu d'arrondissement dans le département des Hautes-Alpes ; elle dépend du 4e corps d'armée et de la 2e subdivision de la 22e division militaire, et possède une garnison d'infanterie ; elle est située sur la rive droite de la Durance, à 55 Kil. de Gap et de Grenoble, et contient 1,600 habitants.

Cette place fut prise, en 1590, sur les ligueurs par le duc de Lesdiguières ; elle n'était pas alors susceptible d'une grande résistance.

C'est la ville de France dont la situation est la plus élevée ; elle est entourée d'une enceinte irrégulière, elle possède un château, et elle est défendue par plusieurs forts, qui commandent les vallées par lesquelles on peut en approcher ; la communication entre ces forts est assurée par des souterrains percés dans le roc.

Ces fortifications sont maintenant tellement fortes qu'on regarde cette place comme imprenable. C'est la clef de la France du côté du Piémont.

Première salle d'exposition.

Le fort Chapus.

Plan-relief à l'échelle du $\frac{1}{162}$e, de 3.m 30 de longueur, sur 0.m 70 de largeur, construit en 1691, et restauré par les artistes de la Galerie, en 1827, sous la direction de M. le conservateur Bonnet. — Ce plan représente le fort seulement, d'après l'état des lieux en 1691.

Le fort Chapus est un poste militaire de la France compris dans la frontière de l'Océan ; il fait partie de l'arrondissement de Marennes dans le département de la Charente-inférieure, et dépend du 6e corps d'armée et de la 2e subdivision de la 14e division militaire ; il est situé sur la côte de l'Océan, vis-à-vis de l'île d'Oleron, à 4 Kil. de Marennes et 32 Kil. de La Rochelle.

Le hameau de Chapus, dont la population est de 550 habitants, possède un petit port.

Le fort est important pour assurer la communication entre ce hameau et l'île d'Oleron.

Première Salle d'exposition.

Cherbourg.

Plan-relief à l'échelle du $\frac{1}{600}$, de 16,^{m}91 de longueur, sur 9,^{m}46 de largeur, construit en 1819, par les artistes de la Galerie, sous la Direction de M. le Conservateur Bouvet. — Ce relief est en deux parties : la première comprend la place et ses divers établissements, le fort de Querqueville et toutes les redoutes avancées du côté de terre ; la seconde partie figure la digue et l'île Pelée ; la table qui supporte la digue est posée au véritable emplacement qu'elle doit avoir par rapport à celui qu'occupe la première partie du relief ; cette première partie est représentée d'après l'état des lieux en 1819 ; la digue présente l'état des lieux en 1852. — Pour aller de la première Salle dans la seconde Salle, les visiteurs passent par la coupure opérée dans la rade entre les deux parties de ce relief.

Cherbourg est une place forte française de 1ère classe, comprise dans la frontière de l'Océan ; c'est un chef-lieu d'arrondissement dans le département de la Manche ; elle est aussi le chef-lieu de la 5e subdivision de la 16e division militaire, d'une direction d'artillerie, de celle du génie et du 1er arrondissement maritime ; elle dépend du 5e corps d'armée, et possède une rade et deux ports ; de nombreux établissements militaires et maritimes et une garnison d'infanterie et de canonniers vétérans ; elle est située sur la Manche, à l'extrémité du chemin de fer de Paris à Cherbourg par Caen, à 75 Kil. de Saint-Lo et de Coutances, 350 Kil. de Paris et 115 Kil. de Portsmouth. Elle renferme 27 000 habitants.

Cette place est d'une grande ancienneté et portait au Xe siècle le nom de Carusbur ; elle était déjà fortifiée et avait un port très-fréquenté. En 1300, ses fortifications entouraient aussi le château. Le Prince-Noir l'attaqua vainement en 1326. Elle fut livrée aux anglais par Charles-le-Mauvais, qui la possédait en apanage, et ce fut la dernière place que les Français reprirent sous Charles VII. Elle soutint plusieurs siéges défendue par ses habitants seuls ; beaucoup d'entr'eux obtinrent pour récompense de leur valeur des franchises et des privilèges qui les rendaient égaux aux barons. La première charte leur fut octroyée par Charles-le-Mauvais, et tous les Rois de France ont maintenu ces privilèges par des Chartes expresses, dont la dernière est de Louis XV. Les anglais s'emparèrent de cette place en 1758, la pillèrent et la dévastèrent. Plus tard, à partir de 1766, on a continuellement travaillé à l'amélioration de son port de commerce. Quant au port militaire, sa construction ne date que de 1803, et il a été ouvert en 1813 ; en 1810, on l'a entouré de fronts bastionnés.

Cherbourg se trouve à l'embouchure de la Divette, au fond d'une vaste baie de la Manche, et doit toute son importance au port militaire qui peut contenir cinquante vaisseaux de ligne et aux nombreux établissements maritimes qui y sont renfermés ; le port commercial est bien moins considérable. Cette place communique maintenant avec Paris par une voie ferrée.

La rade de Cherbourg, qui peut contenir quatre cents navires, est une des meilleures de la Manche ; elle est fermée, à 4,000 mètres de la ville, par une digue de pierre et granit fondée en pleine mer, et qui forme une île factice, dominant les hautes marées. Cette digue qui a 3,712 mètres à sa partie supérieure, et 3,780 mètres à sa base, est un des travaux les plus gigantesques des temps modernes ; elle garantit Cherbourg aussi bien contre les fureurs de la mer que contre les calamités de la guerre. Sa construction a été commencée en 1784, puis suspendue et reprise successivement, et enfin terminée en 1853.

Aujourd'hui huit forts, dont trois sur la digue, six redoutes et d'autres ouvrages détachés concourent à la défense de Cherbourg et de la rade ; le fort du Hommet défend l'entrée du port.

Du 4 au 9 août 1858, Cherbourg vit réunies et mêlées dans le port militaire, à l'abri de la nouvelle digue, les escadres françaises et anglaises : l'Empereur Napoléon III et l'Impératrice Eugénie accompagnaient la Reine d'Angleterre Victoria dans sa visite aux nouveaux et immenses travaux de cette place. Le 8 du même mois, on inaugurait la statue équestre de Napoléon Ier en mémoire des grands desseins conçus par ce monarque sur l'avenir de cette importante place maritime.

Première Salle d'exposition.

Embrun.

Plan-relief à l'échelle du $\frac{1}{600}$, de 3^m, 43 de longueur, sur 3^m, 37 de largeur, construit en 1710. — Ce plan représente la place et ses environs, d'après l'état des lieux en 1710.

Embrun est une place forte française de 2e classe comprise dans la frontière des Alpes; c'est un chef-lieu d'arrondissement dans le Département des Hautes-Alpes; elle dépend du 4e corps d'armée et de la 2e subdivision de la 22e division militaire, et est située sur la rive droite de la Durance, à 30 kil. de Gap. Elle contient 5,000 habitants.

Cette place, autrefois Ebrodunum, est fort ancienne; sa fondation est attribuée au prince gaulois Allobrox. Elle était, sous les romains, la métropole des Alpes maritimes. Les français s'en emparèrent en 1589.

Embrun se trouve sur la plate-forme d'un rocher escarpé, au pied duquel coule la Durance.

Ses fortifications sont très-respectables.

Première Salle d'exposition.

Fort-les-Bains.

Plan-relief à l'échelle du $\frac{1}{500}$, de 1^m,58 de longueur, sur 1^m,10 de largeur, construit en 1691. — Ce plan représente le fort seulement, d'après l'état des lieux en 1691.

Fort-les-Bains est un poste militaire de la France, compris dans la frontière des Pyrénées ; c'est un village de l'arrondissement de Céret dans le département des Pyrénées-Orientales ; il dépend du 6e corps d'armée et de la 1ère subdivision de la 11e division militaire, et est situé à 31 Kil. de Perpignan. Le village de ce nom contient 1,800 habitants.

Le fort a été bâti par Louis XIV en 1670 ; il sert à assurer les communications entre Perpignan, Pratz-de-Mollo et Bellegarde.

Première Salle d'exposition.

Le fort La-Garde de Pratz-de-Mollo.

Plan-relief à l'échelle du $\frac{1}{600}$ e, de 1,^m67 de longueur, sur 1,^m04 de largeur, construit en 1691. — Ce plan représente le fort seulement, d'après l'état des lieux en 1691.

Le fort La-Garde est un poste militaire français compris dans la frontière des Pyrénées ; il appartient à Pratz-de-Mollo.

Pratz-de-Mollo est une place forte française de 2e classe, comprise dans la frontière des Pyrénées, c'est un chef-lieu de canton de l'arrondissement de Céret, dans le département des Pyrénées-Orientales ; elle dépend du 6e corps d'armée et de la 1re subdivision de la 11e division militaire, et est située sur la gauche du Tech et sur le versant des Pyrénées, à 25 Kil. de Céret et 45 Kil. de Perpignan ; elle contient 4,000 habitants.

Pratz-de-Mollo est d'une grande ancienneté. Ses premières fortifications datent de 1100 ; elle fut fortifiée de nouveau par Louis XIV, en 1679 ; prise et reprise plusieurs fois par les espagnols et par les français. En 1793, les espagnols l'ont vainement attaquée.

Cette place est entourée d'une muraille crénelée et flanquée de tours, et est défendue par un retranchement qui établit la communication entr'elle et le fort La-Garde.

Le fort La-Garde a été construit par Louis XIV, en 1679, d'après les plans de Vauban.

Première Salle d'exposition.

Marsal.

Plan-relief à l'échelle du $\frac{1}{600}$ e, de $7^{m},63$ de longueur sur $4^{m},86$ de largeur, construit, en 1839, par les artistes de la Galerie, sous la direction de M. Bonnet, et complété en 1860, sous celle de M. Augoyat. — Ce plan représente la place avec ses ouvrages extérieurs, d'après l'état des lieux en 1860.

Marsal est une place forte française de 2e classe, comprise dans la frontière du Nord-Est ; c'est un chef-lieu de canton de l'arrondissement de Château-Salins, dans le département de la Meurthe ; elle dépend du 3e corps d'armée et de la 3e subdivision de la 5e division militaire, et est située sur la rive gauche de la Seille, à 4 kil. de Vic et 8 kil. de Château-Salins ; elle contient 1300 habitants.

Cette place fut fortifiée en 1260, puis démantelée par Louis XIII et restaurée ensuite par Louis XIV. Charles III, en 1590, en chassa les protestants. Elle fut bombardée en 1815.

Marsal se trouve dans une plaine marécageuse et d'un accès difficile. C'était dans l'origine une place très-respectable ; ses fortifications consistent en une enceinte bastionnée, la Seille passe dans ses fossés.

Elle paraît avoir tiré son nom des marais et des sources salées qui existent dans les environs.

Première Salle d'exposition.

Metz.

Plan-relief à l'échelle du $\frac{1}{600}$, de 9^{m} 20 de longueur, sur 7^{m} 51 de largeur, construit en 1825, par les artistes de la Galerie, sous la direction de M. Bonnet; la cathédrale est l'œuvre de M. Boitard père. — Ce relief comprend la place et ses ouvrages détachés, suivant l'état des lieux en 1825.

Metz est une place forte française de 1ère classe, comprise dans la frontière du Nord-Est; c'est le chef-lieu du département de la Moselle, de la 5e division militaire et de la 1ère subdivision, d'une direction d'artillerie et d'une direction du génie; elle dépend du 3e corps d'armée, et est le siège de deux conseils de guerre et d'un conseil de révision; elle possède l'école d'application de l'artillerie et du génie, une école régimentaire d'artillerie et une école régimentaire du génie, un arsenal d'artillerie, un arsenal du génie, une poudrerie, un pénitencier militaire et une garnison d'infanterie, du génie, du train d'artillerie et d'ouvriers du génie; elle est située sur la rive droite de la Moselle, sur l'une des lignes ferrées de l'Est, allant de Paris à Forbach, et à l'extrémité de l'embranchement d'Arlon (Prusse), à 316 kil. de Paris; et renferme 44,000 habitants.

Cette place, autrefois Divodurum, ensuite Mediomatrici, puis Mettis ou Metae, fut fondée par les gaulois à une époque très-reculée. Les romains s'en emparèrent; elle fut ruinée par Attila. Dans la suite elle devint la capitale du royaume d'Austrasie, qui prit le nom de Lorraine en 855. Henri-l'Oiseleur la prit en 923, et ses successeurs la gardèrent jusqu'au XI siècle. A partir de cette époque, elle se gouverna seule, et devint très-florissante par son commerce avec l'Allemagne. En 1552, elle se mit sous la protection de Henri II, roi de France. Charles-le-Quint l'assiégea la même année avec cent mille hommes, et après soixante-cinq jours d'efforts inutiles, il fut forcé de se retirer par le Duc de Guise, qui commandait la place. En 1633, Louis XIII s'en déclara seigneur souverain, ce qui fut confirmé par le traité de Westphalie, en 1648.

Metz se trouve dans un bassin magnifique au confluent de la Moselle et de la Seille. Ses anciennes fortifications ont été remplacées par des ouvrages immenses exécutés sous les ordres des maréchaux de Vauban et de Belle-Isle, parmi lesquels se trouve le fort Belle-Croix.

La citadelle, située sur la rive gauche de la Moselle, était très-vaste et très-forte; elle a été démantelée en partie à la révolution de 1793, et ses fossés ont fait place à un jardin public et à des plantations.

Les fortifications de Metz comprennent aujourd'hui quatre lunettes et une redoute qui lui assurent une bonne défense.

Metz est la patrie du maréchal Fabert et des généraux Custine, Lasalle et Paixhans, qui fut l'inventeur des canons-obusiers auxquels on a donné son nom.

Première Salle d'exposition.

Mont-Dauphin.

Plan-relief à l'échelle du $\frac{1}{600}$, de 3^m,42 de longueur sur 2^m,90 de largeur, construit en 1709. — Ce plan comprend la place et ses environs, suivant l'état des lieux en 1709.

Mont-Dauphin est une place forte française de 2e classe, comprise dans la frontière des Alpes ; c'est un village de l'arrondissement d'Embrun, dans le département des Hautes-Alpes ; elle dépend du 4e corps d'armée et de la 2e subdivision de la 22e division militaire, et est située sur la rive droite du Guil, à 18 Kil. d'Embrun ; elle contient 400 habitants.

Cette place se trouve sur une montagne escarpée près ou confluent de la Durance et du Guil et domine quatre vallées.

Ses fortifications sont de Vauban, et datent de 1693.

Première Salle d'exposition.

Perpignan.

Plan-relief à l'échelle du $\frac{1}{600}$, de 4^m,86 de longueur sur 4^m,64 de largeur, construit en 1701. — Ce plan comprend la place, la citadelle et le terrain environnant, suivant l'état des lieux en 1701.

Perpignan est une place forte française de 1ère classe, comprise dans la frontière des Pyrénées; c'est le chef-lieu du département des Pyrénées-Orientales, de la 11e division militaire et de la 1ère subdivision, celui d'une direction d'artillerie et d'une direction du génie; elle dépend du 6e corps d'armée, est le siège d'un Conseil de guerre, en possède une garnison d'infanterie; elle est située sur la rive droite de la Tet, à l'extrémité d'un embranchement des chemins de fer du Midi, se dirigeant sur Narbonne, et sur la route de France en Espagne, à 8 kil. de la Méditerranée, 60 kil. de Narbonne et 830 kil. de Paris. Elle renferme 18,000 habitants.

Cette place n'était, dans l'origine, qu'un hameau appelé Corech, qui s'augmenta sous les rois goths, et devint ensuite la capitale du Roussillon. Elle a successivement appartenu à la France et aux rois d'Aragon, et a soutenu plusieurs sièges, notamment, en 1474, par Louis XI; elle ne se rendit que par famine et après la plus vigoureuse défense. Cette place appartint à l'Espagne en 1493. En 1642, Louis XIII s'en rendit maître. Ses fortifications furent ensuite améliorées par Vauban. Les espagnols furent défaits sous ses murs en 1793 par les troupes de la république françoise.

Perpignan se trouve partie dans une plaine, et partie sur le penchant d'une colline ; elle est sur la seule grande communication, par voie de terre, entre la France et l'Espagne.

Ses fortifications consistent en une enceinte murée garnie de bastions et défendue par des ouvrages avancés. La citadelle, qui domine la place, est très-forte.

Philippe-le-Hardi y mourut en 1285, à son retour d'Aragon.

C'est la patrie de Jean-Blanc, qui défendit Perpignan avec une grande opiniâtreté en 1473 ; c'est aussi celle du général Dugommier.

Première Salle d'exposition.

Saint-Tropez.

Plan-relief à l'échelle du $\frac{1}{600}$, de 1,55 de longueur, sur 1,37 de largeur, construit en 1716. — Ce plan représente la ville et la citadelle, d'après l'état des lieux en 1716.

Saint-Tropez est un poste militaire de la France, compris dans la frontière de la Méditerranée ; c'est un chef-lieu de canton de l'arrondissement de Draguignan, dans le département du Var ; il dépend du 4e corps d'armée, et fait partie de la 3e subdivision de la 9e division militaire ; il possède un port, et il est situé sur la Méditerranée, à 40 kil. de Draguignan. Il contient 3,200 habitants.

Saint-Tropez se trouve sur la côte sud-est du golfe de son nom, qu'il doit, ainsi que son origine à un prieuré qui dépendait de l'abbaye de Saint-Victor, à Marseille ; son port est petit.

Ce poste est défendu par une citadelle.

C'est la patrie du général Allard.

Première Salle d'exposition.

Sedan.

Plan-relief à l'échelle du $\frac{1}{600}$, de 5,85 de longueur sur 4,65 de largeur, construit en 1841, par les artistes de la Galerie, sous la direction de M. Audé, et complété sous celle de M. Augoyat, en 1853. — Ce plan représente la place, son château fortifié et les environs, ainsi que l'enceinte fortifiée de Torcy; le tout d'après l'état des lieux en 1853.

Sedan est une place forte française de 1ère classe, comprise dans la frontière du Nord-Est, c'est un chef-lieu d'arrondissement dans le département des Ardennes; elle dépend du 2e corps d'armée et de la 3e subdivision de la 4e division militaire, et possède une garnison de cavalerie; elle est située sur la rive droite de la Meuse et sur l'un des embranchements des chemins de fer de l'Est (extrémité de la ligne des Ardennes allant à Paris), à 22 kil. de Mézières. Elle renferme 13,000 habitants.

Cette place est très-ancienne. Charles-le-Chauve s'en empara et la conserva jusqu'en 880, époque à laquelle Louis, roi de Germanie en prit possession. Après avoir appartenu à plusieurs seigneurs, notamment à Robert de la Mark, mort sans enfants, Charlotte, sœur de ce dernier, l'apporta en dot à la maison de la Tour d'Auvergne, en 1591. En 1641, elle fut échangée contre la terre d'Épernay, les duchés de Château-Thierry et d'Albret, etc., et réunie à la France.

Les fortifications de Sedan étaient importantes autrefois, mais elles furent mal entretenues; elles consistent aujourd'hui dans les ouvrages du corps de place et l'enceinte de Torcy.

C'est la patrie de Turenne.

Première Salle d'exposition.

Strasbourg.

—

Plan-relief à l'échelle du $\frac{1}{600}$e, de 10.m 90 de longueur, sur 6.m 64 de largeur, construit en 1836, par les artistes de la Galerie, sous la direction de M. Bonnet; la cathédrale est l'œuvre de M. Lermonnerye. — Ce plan représente la place, la citadelle, la Robertsau, le cours du Rhin, les canaux et les cours d'eau, les ouvrages avancés et le chemin de fer de Paris à Kehl, avec les embranchements de Wissembourg et de Bâle; le tout d'après l'état des lieux en 1861.

—

Strasbourg est une place forte française de 1ère classe, comprise dans la frontière du Rhin; c'est le Chef-lieu du département du Bas-Rhin, de la 6e division militaire et de la 1ère subdivision, d'une direction d'artillerie et d'une direction du génie, elle dépend du 3e corps d'armée, est le siège de deux conseils de guerre, et possède une école d'artillerie, une école de ponts, une fonderie, un arsenal d'artillerie et une garnison d'infanterie, d'artillerie, de pontoniers et du train d'artillerie; elle est située sur l'Ill, près de la rive gauche du Rhin, sur le chemin de fer de l'Est, allant de Paris à Kehl, et à l'extrémité des voies ferrées de Wissembourg et de Bâle (Suisse), à 85 Kil. de cette dernière ville, 150 Kil. de Mayence (Allemagne), 120 Kil. de Nancy, et 450 Kil. de Paris. Elle renferme 54,000 habitants.

Cette place doit sa fondation aux romains, qui l'élevèrent pour défendre l'entrée des Gaules aux germains; ils en firent une place importante et l'appelèrent *Argentoratum*. Les germains parvinrent à s'emparer du pays et à s'y maintenir jusqu'au règne de Clovis, qui le réunit à ses états. Cette place dépendit plus tard de la France Orientale (Austrasie). Par le partage du royaume entre les fils de Louis-le-Débonnaire, elle passa à Lothaire, et fit partie de la Lorraine. Vers le VIe siècle, elle prit le nom de Strasbourg. Après la mort de Louis IV, roi de France, elle tomba au pouvoir des Empereurs d'Allemagne. Elle se soumit volontairement à Louis XIV, qui s'était emparé de l'Alsace, et revint ainsi à la France. Ce monarque agrandit beaucoup son enceinte et l'entoura de fortifications. Aujourd'hui, son enceinte bastionnée et ses ouvrages extérieurs, dont quatre lunettes et un retranchement en font une des plus fortes places de l'Europe. En temps de siège on a les moyens d'inonder tous les environs.

La citadelle, construite par Vauban, se compose de cinq bastions, et ses ouvrages s'étendent jusqu'au Rhin, qu'on traverse vers ce point sur le célèbre pont de bateaux de Kehl.

En 1859, on commença à Strasbourg, près de ce pont, un nouveau pont en pierre, avec deux parties mobiles, une sur chaque rive du fleuve, pour en intercepter le passage en temps de guerre; c'est un travail qui a été exécuté dans le but de relier le réseau des chemins de fer français aux chemins de fer allemands.

La Ville se fait remarquer par sa cathédrale, dans laquelle se trouve un monument en l'honneur de Kléber. On voit aussi, dans une des îles du Rhin, un obélisque érigé à la mémoire de Desaix.

Strasbourg est la patrie du maréchal Kellermann, duc de Valmy et du général Kléber.

Première Salle d'exposition.

Toul.

Plan-relief à l'échelle du $\frac{1}{600}$, de 6ᵐ 66 de longueur, sur 5,83 de largeur, construit en 1861, par les artistes de la Galerie, sous la direction de M. Augoyat; la cathédrale est l'œuvre de M. Boitard (Édouard). — Ce plan comprend la place et ses environs, avec le chemin de fer de l'Est et le canal de la Marne au Rhin, suivant l'état des lieux en 1861.

Toul est une place forte française de 2ᵉ classe, comprise dans la frontière du Nord-Est; c'est un chef-lieu d'arrondissement dans le Département de la Meurthe; elle dépend du 3ᵉ corps d'armée et de la 3ᵉ subdivision de la 5ᵉ division militaire; elle possède une garnison de cavalerie, et elle est située sur la rive gauche de la Moselle et sur le chemin de fer de Paris à Strasbourg et à Kehl, à 24 Kil. de Nancy et 60 Kil. de Metz. Elle contient 6,000 habitants.

Cette place appelée autrefois **Tullum** est très-ancienne; elle fut la capitale des Leuci. Les romains la conquirent, et en 375, Valentinien Iᵉʳ l'entoura de murs flanqués de vingt-huit tours. Childéric Iᵉʳ l'enleva aux romains; Théodebert II fut vaincu sous ses murs, en 611. Charles II l'emporta d'assaut, en 1401. Charles-le-Simple en fit cession à Henri l'Oiseleur. Henri II en fit la conquête en 1552. Le traité de Westphalie l'assura à la France, en 1648. Elle fut assiégée par les prussiens en 1815. Ses fortifications ont été renouvelées par Vauban en 1700. Elle se trouve dans une plaine au pied des côtes très-élevées de Saint-Michel et de Barine.

C'est la patrie du maréchal Gouvion-Saint-Cyr et de l'amiral de Rigny.

Première Salle d'exposition.

Toulon.

Plan-relief à l'échelle du $\frac{1}{600}$e, de 6m,60 de longueur, sur 4m,26 de largeur, construit en 1800, par Gengembre. — Ce plan comprend la place, le port, les bassins, une partie des rades, quelques forts détachés et le camp retranché de Sainte-Anne; le tout suivant l'état des lieux en 1800.

Toulon est une place forte française de 1ère classe, comprise dans la frontière de la Méditerranée; c'est un chef-lieu d'arrondissement dans le département du Var; c'est aussi le chef-lieu de la 3e subdivision de la 9e division militaire, d'une direction d'artillerie, d'une direction du génie et du 5e arrondissement maritime; elle dépend du 4e corps d'armée, est le siège du 2e conseil de guerre de la division, et possède une rade, un port militaire, une école d'artillerie de marine, un parc d'artillerie de terre, une fonderie de canons, des arsenaux, des chantiers de construction pour la marine de l'État, d'une garnison d'infanterie et de canonniers vétérans, ainsi qu'un hôpital militaire et un hôpital pour la marine; elle est située sur la Méditerranée et à l'extrémité du chemin de fer de Marseille à Toulon, à 60 Kil. de la première de ces deux places, 80 Kil. de Draguignan et 840 Kil. de Paris; et elle renferme 42,000 habitants.

Cette place doit sa fondation à une colonie romaine. Les Sarrasins la ravagèrent plusieurs fois; elle fut encore dévastée en 1176 et 1197 par des pirates africains. Le connétable de Bourbon commandant l'armée de Charles-Quint s'en empara en 1536. Le duc de Savoie, aidé de l'Angleterre et de la Hollande, l'assiégea vainement par terre et par mer, en 1707. Le 16 août 1793, elle fut livrée aux anglais et aux espagnols, qui en furent chassés quatre mois après.

Louis XII fit commencer l'érection de la grosse tour, laquelle fut achevée sous François Ier. Louis XIV eut l'idée d'en faire un des boulevarts de la France du côté de l'Italie. Il la fit entièrement fortifier à la moderne, et fit bâtir l'arsenal sur les plans de Vauban.

Aujourd'hui, Toulon, qui se trouve au fond d'une double rade, et qui est classé comme 2e port de France pour la marine de l'État, possède trois arsenaux dont un pour la marine à vapeur, lequel est une création de l'Empereur Napoléon III, qui a agrandi l'enceinte fortifiée, et presque doublé la ville.

Un très-grand nombre de forts détachés et les ouvrages fortifiés de la rade et de la presqu'île Cépet concourrent actuellement à la défense de Toulon et de ses nombreuses dépendances.

C'est au siège de Toulon, en 1793, que Napoléon 1er, simple commandant d'artillerie alors, donna les premières preuves de son extraordinaire talent militaire.

Le port de cette place a vu partir l'expédition d'Égypte, en 1798.

Toulon est la patrie du chevalier Paul, qui de simple mousse, devint vice-amiral et de Milet Mureau, ancien ministre de la guerre.

Première Salle d'exposition.

Verdun

Plan-relief à l'échelle du $\frac{1}{600}$, de 7m,50 de longueur, sur 7m de largeur, construit en 1856, par les artistes de la Galerie, sous la direction de M. Augoyat. — Ce plan représente la place, la citadelle et les environs, d'après l'état des lieux en 1856.

Verdun est une place forte française de 1ère classe, comprise dans la frontière du Nord-Est; c'est un chef-lieu d'arrondissement dans le Département de la Meuse; elle est aussi le chef-lieu de la 4e Subdivision de la 5e division militaire, et dépend du 3e Corps d'armée; elle possède une garnison de cavalerie, et est située sur la rive gauche de la Meuse, à 50 kil. de Bar-le-Duc et 60 kil. de Metz; elle renferme 10,000 habitants.

Cette place, connue autrefois sous le nom de Verodunum, est très-ancienne, et était déjà considérable sous la domination romaine. Elle fut conquise par Clovis en 502. Ville impériale depuis Othon-le-grand, elle fut gouvernée d'abord par des Comtes, ensuite par des évêques, dont elle obtint des libertés communales. Le roi Henri II s'en rendit maître, avec Toul et Metz, en 1552, et le traité de Munster, de 1648, en assura la possession à la France. Elle fut prise par les prussiens, en 1792, après une courte résistance de ses défenseurs. Après leur défaite à Valmy, les prussiens l'évacuèrent.

Les fortifications de Verdun, dont Vauban a bâti la citadelle, ont été améliorées par cet ingénieur.

La ville est divisée en cinq parties par la Meuse.

C'est à Verdun qu'eut lieu, en 843, le traité de partage de l'empire Carlovingien, entre les trois fils de Louis-le-Débonnaire.

Première Salle d'exposition.

Villefranche.

Plan-relief construit en 1701, à l'échelle du $\frac{1}{600}$, de 4^m 37 de longueur, sur 3^m 55 de largeur. — Il représente la place et les environs avec un fort détaché; le tout d'après l'état des lieux en 1701.

Villefranche est une place forte française de 1ère classe, comprise dans la frontière des Pyrénées; c'est un village de l'arrondissement de Prades, dans le département des Pyrénées-Orientales; elle dépend du 6e corps d'armée et de la 1ère subdivision de la 11e division militaire; elle est située sur la rive droite de la Tet, à 6 kil. de Prades et 50 kil. de Perpignan; elle contient 1000 habitants.

Cette place fut fondée en 1705 par Guillaume, comte de Cerdagne. Après avoir appartenu aux comtes de Barcelonne et aux rois d'Aragon, elle passa, en 1475, au pouvoir des français; mais Charles VIII la rendit aux rois d'Aragon en 1493. Les français la reprirent en 1654, et le traité des Pyrénées l'assura à la France.

Villefranche a des murs flanqués de bastions et un fort que Louis XIV fit construire.

Deuxième Salle d'exposition.

Le Siège de la citadelle d'ANVERS.

Plan-relief à l'échelle du $\frac{1}{600}$, de 4^m,20 de longueur, sur 2^m,80 de largeur, construit, en 1834, par les artistes de la Galerie, sous la direction de M. le conservateur Bonnet, d'après les levers, profils, nivellements et vues faits et pris sur les lieux par MM. Leymonnerye et Edouard Boitard ; le premier de ces artistes a dirigé l'exécution de ce relief. — Il représente, avec des effets très-pittoresques, tous les bâtiments en destruction, la fortification et les travaux d'attaque et de défense.

Anvers est une place de Belgique maintenant (avant 1832, c'était le chef-lieu de la province de ce nom dans le royaume des Pays-Bas) ; elle possède un port et est située près de la mer du Nord, sur l'Escaut et à proximité du chemin de fer de Bruxelles à Gand, à 40 Kil. de la première de ces deux villes, 110 Kil. de La Haye et 150 Kil. d'Amsterdam. Elle renferme 62,000 habitants.

Cette place est très-ancienne ; d'après César, elle aurait été la capitale des Ambivarites. Elle fut ravagée par les Normands vers 837 ; elle était déjà très-peuplée en 1124. Son enceinte date du XIVe siècle, sa citadelle fut bâtie, en 1558, par le duc d'Albe. Elle fut saccagée en 1576 par les Espagnols. En 1585, elle soutint un siège mémorable, et ne se rendit au duc de Parme, qui l'assiégeait depuis un an, qu'après avoir éprouvé toutes les horreurs de la famine. Les français s'en emparèrent en 1746 et la possédèrent jusqu'à la paix d'Aix la-Chapelle. Elle se rendit plus tard, par capitulation, aux français le 29 novembre 1792. Ces derniers l'évacuèrent de nouveau en 1793, et la reprirent en 1794, où, réunie à la France, elle devint le chef-lieu du département des Deux-Nèthes.

Anvers fut particulièrement aimée de Napoléon Ier, qui voulait en doubler la force, pour la faire servir de tête de pont à l'Empire français. Ses fortifications ont été complétées par Carnot.

En 1809, les anglais, redoutant les immenses préparatifs de guerre que l'Empereur Napoléon Ier y faisait, tentèrent d'incendier les chantiers et les vaisseaux; mais ils furent vigoureusement repoussés. L'armée anglaise, en 1814, ne put parvenir à l'investir, et Carnot ne la rendit aux alliés que d'après les ordres de Louis XVIII, par suite du traité de Paris.

Lors de l'insurrection belge, en 1830, la garnison hollandaise se retira dans la citadelle, d'où elle bombarda la ville. Les français vinrent l'assiéger, comme alliés des belges, le 26 novembre 1832; la citadelle capitula le 23 décembre suivant et fut remise à ces derniers.

Le port d'Anvers est profond et commode et peut contenir mille navires, qui pénètrent dans l'intérieur de la ville au moyen de canaux. L'Escaut a dans cet endroit 500 mèt. de largeur et une grande profondeur; la marée y monte à près de 4 mètres.

C'est à Anvers que fut signé en 1715 le traité dit de la barrière, entre l'Empereur Charles IV et les Provinces-unies.

Deuxième Salle d'exposition.

Brest.

Plan-relief à l'échelle du $\frac{1}{600}$, de 16,45 de longueur, sur 7,93 de largeur, construit, en 1811, par les artistes de la Galerie, sous la direction de M. Bonnet; il avait été commencé par Gengembre. — Ce plan comprend la place, le château fortifié, le port, la rade et les forts qui défendent l'entrée du goulet; le tout suivant l'état des lieux en 1811.

Brest est une place forte française de 1ère classe, comprise dans la frontière de l'Océan; c'est le chef-lieu du département du Finistère, de la 3e subdivision de la 16e division militaire, d'une direction d'artillerie, d'une direction du génie et du 2e arrondissement maritime; elle dépend du 5e corps d'armée, est le siège du 2e conseil de guerre de la division, et possède une rade, un port, un arsenal maritime et une garnison d'infanterie et de canonniers-vétérans; elle est située sur l'Océan, à 70 Kil. de Quimper et 578 Kil. de Paris; elle renferme 42,000 habitants.

Cette place n'était au IXe siècle qu'un bourg dans lequel le roi Coran Mériadec fit bâtir un château qui soutint heureusement plusieurs sièges. Les anglais y entrèrent comme alliés de Jean IV, Duc de Bretagne; mais ne voulant plus la lui rendre, ce Duc fut contraint à les y assiéger, ce qu'il fit inutilement. Richard II tenait encore ce bourg en 1395; il consentit cependant à le restituer à Jean V, contre douze mille écus qui avaient été prêtés au père de ce dernier. Les français prirent Brest et son château en 1488, à la suite d'un débarquement pendant la guerre contre Anne de Bretagne. Trois ans après, le mariage de cette dernière avec avec Charles VIII réunit Brest à la France. Cebourg devint considérable sous Henri III et Henri VI. Le cardinal de Richelieu fit creuser et nettoyer son port en 1631, et commencer de grands travaux qui furent achevés sous Louis XIV et ses successeurs, notamment, en 1773, une nouvelle enceinte fortifiée, remplaçant celle construite par Vauban un siècle plus tôt.

Cette place est bâtie sur le revers d'une montagne, de manière qu'on ne la voit, du côté de terre, qu'en arrivant au pied des remparts. Elle est fortifiée suivant toutes les règles de l'art ; elle a une belle rade formée par l'Océan, un port très-beau et très-sûr formé par la Penfeld, laquelle divise la ville en deux parties ; l'une, sur la côte à droite, est connue sous le nom de Recouvrance ; l'autre sur la côte opposée, est la ville proprement dite.

Le port est défendu, du côté de Brest, par l'ancien château ; du côté de Recouvrance sont de fortes batteries. La rade, par sa forme, met le port à l'abri de toute surprise et le préserve d'un bombardement ; elle peut contenir cinq cents vaisseaux de guerre. L'entrée du goulet est défendue par les feux croisés de formidables batteries. La roche Mingan, placée au milieu du goulet, vient elle-même accroître la difficulté d'un passage de vive force.

Plusieurs forts, redoutes ou batteries prêtent aujourd'hui leur appui à la défense de la place et de la rade.

Brest est la patrie de l'amiral La Motte-Piquet.

Deuxième Salle d'exposition.

Le fort l'Écluse (1er plan).

Plan-relief à l'échelle du $\frac{1}{600}$, comprenant une assez grande étendue des environs de ce poste, de 3^m 50 de longueur, sur 2^m 55 de largeur, construit en 1841, par les artistes de la Galerie, sous la direction de M. le conservateur Audé; c'est le premier relief dont la décoration du terrain a été fixée à l'aide du mordant, méthode inventée par M. Boitard père. — Ce plan représente le fort inférieur et celui supérieur, avec une grande partie du terrain qui les environne, d'après l'état des lieux en 1841.

(Voir l'article suivant, page 79, relatif au second relief du fort l'Écluse.)

Le fort l'Écluse est un poste militaire français compris dans la frontière des Alpes, il fait partie de l'arrondissement de Gex dans le département de l'Ain, et dépend du 4e corps d'armée et de la 4e subdivision de la 8e division militaire; il est situé sur la rive droite du Rhône et à 27 Kil. de Gex.

Il est élevé sur un rocher du Jura, à 45 mètres au-dessus du Rhône, et a été construit pour commander la route de Genève à Lyon, qui passe au travers de ce fort.

Aujourd'hui, le fort l'Écluse comprend deux forts : celui inférieur, de construction ancienne, et celui supérieur, de construction récente; ce dernier est élevé de 190^m au-dessus du premier.

Deuxième Salle d'exposition.

Le fort l'Écluse (2e plan).

Plan-relief à l'échelle du $\frac{1}{200}$, ne comprenant que ce poste seulement, de 2^m,17 de longueur, sur 0^m,80 de largeur, construit en 1844, par les artistes de la Galerie, sous la direction de M. le conservateur Audé ; le modelage est de M. Clement père, et la décoration a été traitée par M. Boitard père. — Ce plan est à pièces mobiles ; on y remarque l'escalier souterrain faisant communiquer ensemble les deux forts inférieur et supérieur, lequel est taillé dans le roc et compte 1174 marches. Ce travail est représenté suivant l'état des lieux en 1844.

(Voir l'article précédent, page 78, relatif au premier relief de ce fort.)

Le fort l'Écluse appartenait aux Ducs de Savoie depuis 1037 ; il fut cédé à la France en 1601. Il a été plusieurs fois pris et repris par les bernois et les genevois. Les autrichiens s'en emparèrent en 1814 ; quelques temps après les français le reprenaient. Les autrichiens, en 1815, firent sauter une partie de ses fortifications, qui ont été rétablies depuis.

Deuxième Salle d'exposition.

Grenoble.

Plan-relief à l'échelle du 1/500, de 8.20 de longueur, sur 7m.25 de largeur, construit, en 1848, par les artistes de la Galerie, sous la direction de M. le Conservateur Audé; les roches sous l'œuvre de M. Leymourrye. — Ce plan comprend la place et la citadelle, ainsi que le terrain environnant. On y a fait figurer, au Nord, le Mont-Rachais, élevé de 840m au dessus de l'Isère, et à l'Ouest, le cours du Drac; le tout suivant l'état des lieux en 1848.

Grenoble est une place forte française de 1ère classe, comprise dans la frontière des Alpes; c'est le chef-lieu du département de l'Isère, de la 22e division militaire et de la 1ère subdivision, d'une direction d'artillerie et d'une direction du génie; elle dépend du 8e corps d'armée, est le siège d'un conseil de guerre; elle possède une école d'artillerie et une garnison d'infanterie; elle est située sur la rive gauche de l'Isère et sur l'une des lignes ferrées du Dauphiné (extrémité de l'embranchement de Saint-Rambert) à 110 Kil. de Lyon et 550 Kil. de Paris. Cette place renferme 33,000 habitants.

La place de Grenoble est d'origine gauloise; elle portait le nom de Cularo au temps des Allobroges. Sous la domination romaine, elle prit le nom de Gratianopolis. Dans le Ve siècle, elle passa aux bourguignons et ensuite aux rois de France Mérovingiens. Elle passa encore successivement au pouvoir de Charles-le-gros et de Conrad. Le Dauphiné ayant été cédé à la France, vers 1477, le connétable de Lesdiguières augmenta l'enceinte de Grenoble, qui fut, en 1814 et 1815, occupée par les alliés; ils n'y entrèrent, dans la seconde de ces deux années, que par capitulation. Les guerres de religion y furent sanglantes au XVIe siècle.

Cette place se trouve au milieu de la vallée du Grésivaudan, au pied du Mont-Rachais, sur la rive gauche de l'Isère, près du confluent de cette rivière et du Drac; elle est très-importante. La partie de la ville appelée Saint-Laurent est resserrée entre la montagne et la rive droite de l'Isère; l'autre partie, appelée le quartier de Bonne, s'étend dans la plaine, sur la rive gauche de la rivière.

L'ancienne enceinte a été remplacée, en 1835, par une nouvelle, formée de huit fronts bastionnés et de fossés faciles à inonder. La rive droite de l'Isère présente une grande masse de rochers presqu'à pic, dont le dernier ressaut, qu'on nomme le plateau de la Bastille, commande toute la ville; c'est sur ce plateau que se trouve la citadelle qui porte le même nom. L'arsenal, qui forme une autre citadelle, est dans l'angle Nord-Est, sur la rive gauche de l'Isère.

Grenoble est la première place importante qui ait ouvert ses portes à l'Empereur Napoléon Ier à son retour de l'île d'Elba.

C'est la patrie du chevalier Bayard.

Deuxième Salle d'exposition.

Le Château de JOUX et le fort du Larmont.

Plan-relief à l'échelle du $\frac{1}{600}$, de 3^m,48 de longueur, sur 1^m,78 de largeur; la partie contenant le fort de Joux a été construite en 1826, sous la direction de M. Bonnex, et la partie contenant le fort du Larmont a été ajoutée en 1853 sous celle de M. Augoyat; le tout par les artistes de la Galerie. — Ce plan représente les deux forts, situés vis-à-vis l'un de l'autre, avec la route de Pontarlier à Ballaigue (Suisse), qui passe entre eux, d'après l'état des lieux de 1826 pour le premier, et celui de 1853 pour le second.

Le château de Joux et le fort du Larmont sont des postes militaires de la France, compris dans la frontière du Jura; ils font partie de l'arrondissement de Pontarlier dans le département du Doubs, et dépendent du 3e corps d'armée et de la 1re subdivision de la 7e division militaire; ils sont situés près du Doubs et à 4 kil. de Pontarlier.

Ces postes sont construits sur une montagne escarpée; ils constituent la principale défense de la France du côté de la Suisse.

Le Château de Joux était possédé au moyen-âge par les sires de Joux et servait de prison; il a soutenu un siège de quinze jours dans le XVIIe siècle.

Le fort du Larmont est d'une construction beaucoup plus récente.

Deuxième Salle d'exposition.

Le Mont-Cenis.

Relief à l'échelle du $\frac{1}{5000}$, de 2ᵐ55 de longueur, sur 2ᵐ29 de largeur, construit, en 1812, par M. le Commandant Clerc, et restauré par les artistes de la Galerie en 1819. — Ce relief comprend la montagne tout entière ; on y a fait figurer une partie de la route de Lans-le-bourg à Suse, construite par les français, sous le premier Empire, le tout d'après l'état des lieux en 1812.

Le Mont-Cenis est une montagne des Alpes dans les anciens États Sardes, située à 4 Kil. de Lans-le-bourg, 17 Kil. de Suse et 43 Kil. de Saint-Jean-de-Maurienne.

Cette montagne forme le nœud des Alpes Cottiennes et des Alpes Grecques. Son point culminant est élevé de 3,493 mètres au-dessus de la mer, et est dominé par des sommets de la Ronche, de la Roche-Michel et de la Roche Melon, qui sont toujours entourés de nuages et couverts de neiges. Les français s'emparèrent du passage ouvert sur cette position en 1794. De 1802 à 1811, le gouvernement français y a fait construire une superbe route de 7 mètres de largeur, conduisant de Lans-le-bourg à Suse, dont le développement est de 32 Kilomètres, avec vingt-cinq refuges de distance en distance, dans les endroits les plus difficiles.

Sur le plateau de cette montagne est l'hospice fondé par Louis-le-Débonnaire.

Ce mont est aujourd'hui traversé par un tunnel donnant passage à la voie ferrée de Grenoble à la frontière Sarde.

Deuxième Salle d'exposition

Le Siège de ROME.

Relief construit, en 1852, par les artistes de la Galerie, sous la direction de M. le Conservateur Augoyat. Il comprend le terrain des attaques, tout le Transtevère et la partie de la ville qui borde le Tibre, depuis le pont Sixte jusqu'au Mont-Aventin.

Rome (Roma) est la métropole du culte catholique; elle est située sur le Tibre, à 25 Kil. de la Méditerranée, et à 1785 Kil. de Paris. La population de cette ville est de 180,000 habitants.

Rome fut fondée, sur le Mont-Palatin, 753 ans avant J.-C., par Romulus et Remus; ce n'était d'abord qu'une petite colonie, qui s'éleva successivement, gouvernée par des rois. Deux siècles et demi plus tard elle se forma en république. Cette forme de gouvernement dura jusqu'en l'an 29 de la même ère. L'Empire alors lui succéda, avec Auguste pour chef, Tibère ensuite. J.-C., venu au monde sous le premier, fut crucifié sous le second. Rome avait déjà, à cette époque, porté ses conquêtes en Italie, en Afrique, en Espagne, dans les Gaules, la Bretagne, la Germanie, en Egypte, dans l'Asie mineure, la Syrie, la haute-Asie. Quatre siècles avant J.-C., elle fut saccagée par les gaulois Senonais. En l'an 307 de l'ère nouvelle Galérius l'assiégea inutilement. Constantin l'abandonna en 330 pour établir le siège de l'Empire à Byzance. En 364, elle devint la capitale de l'Empire d'Occident. Elle fut saccagée par Alaric, roi des Visigoths, en 387; par Genséric, roi des Vandales, en 445; par Ricimer, roi des goths, en 472. Odoaccre, roi des Hérules, s'en rendit maître la même année. Elle fut assiégée, en 527, par Vitigès, roi des goths. Bélisaire, général de Justinien y entra en 536. Totila, roi des Ostrogoths, la prit en 546 et en 549. Narsès, autre général de Justinien, y entra en 553. Les lombards dévastèrent son territoire en 758. Argilulf l'assiégea en 593. Astolphe, roi des lombards, l'assiégea également en 755, mais il se retira à l'approche de Pépin, roi de France. Ce fut à cette époque que commença le pouvoir temporel des Papes. En 846, les Sarrasins dévastèrent le Vatican. L'empereur Henri IV l'assiégea inutilement en 1081, mais il la prit trois ans plus tard. Au commencement du XIVe siècle, Clément V quitta Rome et transféra à Avignon le siège du gouvernement pontifical. Grégoire XI le reporta à Rome en 1375. Charles VIII, roi de France, y entra en 1494. Rome fut encore saccagée, en 1527, par les troupes de Charles-Quint, sous les ordres du connétable de Bourbon. Elle fut occupée par les français en 1798. En 1809 et 1810, elle fut incorporée à l'Empire français; le fils de l'Empereur Napoléon Ier reçut alors le titre de Roi de Rome. Plus tard, en 1814, le pape Pie VII rentra dans ses états. A la suite des évènements politiques de 1848, le pape Pie IX se retira à Gäete. La république fut proclamée à Rome en février 1849. Bientôt après les français furent envoyés pour secourir le pape et arrivèrent devant la ville le 30 avril 1849, sous les ordres du général Oudinot de Reggio; ils furent obligés d'en faire le siège, dont les travaux furent dirigés par le général Vaillant, depuis maréchal de France, qui commandait en chef le génie. Ce siège dura un mois (du 4 juin au 3 juillet), il eut été moins long si l'on n'eût pas dû, d'après les ordres exprès de l'Empereur Napoléon III, alors président de la république française, en diriger les opérations de manière à préserver les monuments de la ville des effets destructeurs de la guerre. Pie IX revint dans sa capitale le 12 avril 1850. Les français, entrés à Rome le 4 juillet

1849, y sont restés, et continuent encore aujourd'hui
à protéger le Souverain-Pontife.

L'enceinte de la ville a 25 kilomètres de circuit. Servius Tullius en commença les fortifications; Sylla les augmenta; la partie la plus ancienne des murs actuels fut établie par Honorius en 402. Le pape Léon IV entoura le Vatican d'une muraille en 850.

Rome est trop connue et ses monuments sont trop nombreux pour en donner ici la description. Tout est remarquable dans la ville éternelle.

Deuxième Salle d'exposition.

Le Simulacre d'escalade et de Surprise, par un temps de neige, d'une ville fortifiée à l'antique.

Relief construit en 1805 par Mr. Boitard ainé.

C'est un fait d'armes militaire Supposé.

Troisième Salle d'exposition (partie de droite).

Arras.

Plan-relief à l'échelle du $\frac{1}{600}$, de 7^m,07 de longueur, sur 4^m,96 de largeur; construit en 1716 par Devèze. — Ce plan représente la place avec son réduit et d'autres ouvrages détachés, suivant l'état des lieux en 1716.

Arras est une place forte française de 1ère classe, comprise dans la frontière du Nord; c'est le chef-lieu du département du Pas-de-Calais, d'une Direction du génie et de la 2e subdivision de la 3e division; elle dépend du 2e corps d'armée, possède une école régimentaire du génie et une garnison d'infanterie et du génie, et est située sur la rive droite de la Scarpe et sur le chemin de fer du Nord, à 36 Kil. de Cambrai et 174 Kil. de Paris. Elle renferme 26,000 habitants.

Cette place est d'une très-grande ancienneté. On croit que César la prit cinquante ans avant J.-C.; c'était la capitale des Atrebates, elle fut depuis celle du comté d'Artois. Les Vandales la ruinèrent en 407; les Normands la ravagèrent en 880, et, ses habitants l'ayant abandonnée, elle resta déserte pendant trente ans. Elle se repeupla et fut prise en 901, par Charles-le-Simple, et rendue en 915. L'Archiduc Maximilien d'Autriche s'en empara par trahison en 1492. Le prince d'Orange s'en rendit maître en 1578. Les maréchaux de la Meilleraye et de Chaulnes en firent le siège et y entrèrent en 1640. Les espagnols tentèrent vainement de la reprendre, et elle fut cédée à la France par le traité des Pyrénées.

Arras est pourvue d'une citadelle construite par le maréchal de Vauban.

Plusieurs traités y furent signés en 1414, en 1435 et en 1482.

La terreur y fut organisée, sous la première république, par Joseph Lebon.

Le siège de 1640 ci-dessus rappelé remémore une plaisante anecdote. Les espagnols, assiégés, inscrivirent sur la porte, en face du camp français, cette inscription railleuse :

« Quand les français prendront Arras,
« les souris mangeront les chats. »

Mais les français, qui étaient alors dans une position désespérée, ayant, pour en sortir, fait preuve d'un grand courage, mirent les espagnols en déroute, et par suite la place se rendit. Alors les français se vengèrent de la bravade espagnole, en supprimant une lettre de l'inscription, qui, ainsi retorquée, se lisait comme il suit :

« Quand les français rendront Arras,
« Les souris mangeront les chats. »

Arras est la patrie des deux frères Robespierre et de Joseph Lebon.

Troisième Salle d'exposition (partie de droite).

Avesnes.

Plan-relief à l'échelle du $\frac{1}{600}$, de 7,m53 de longueur, sur 5,m35 de largeur; construit, en 1826, par les artistes de la Galerie, sous la direction de M. Bonnet. — Ce relief représente la place, avec ses environs, d'après l'état des lieux de 1826.

Avesnes est une place forte française de 1re classe, comprise dans la frontière du Nord; c'est un chef-lieu d'arrondissement dans le département du Nord; elle dépend du 2e corps d'armée et de la 1re subdivision de la 3e division militaire, et est située sur la rive gauche de l'Helpe-majeure et près du chemin de fer du Nord, à 27 kil. de Valenciennes et 84 kil. de Lille; sa population est de 4,200 habitants.

Cette place appartenait aux Comtés de Hainaut, de Hollande et de Zélande. Louis XI, en la prenant fit passer tous ses habitants au fil de l'épée, à l'exception de dix-sept notables. Les espagnols s'en rendirent maîtres en 1559. Elle fut cédée à la France, en 1659, par le traité des Pyrénées. Ses fortifications furent réparées par Vauban. Les russes s'en emparèrent en 1814, et les prussiens en 1815.

Troisième Salle d'exposition (partie de droite).

Belfort.

Plan-relief à l'échelle du $\frac{1}{600}$e, de 4,m 91 de longueur, sur 4,m 27 de largeur; construit par Gengembre en 1755, et restauré en 1825 par les artistes de la Galerie, sous la direction de M. le Conservateur Bonnet. — Ce plan comprend la place, avec la citadelle et des ouvrages avancés, suivant l'état des lieux en 1825.

Belfort est une place forte française de 1ère classe, comprise dans la frontière du Rhin; c'est un chef-lieu d'arrondissement dans le département du Haut-Rhin; elle dépend du 3e corps d'armée et de la 2e subdivision de la 6e division militaire, possède une garnison d'infanterie et est située sur la rive gauche de la Savoureuse et sur le chemin de fer de Paris à Mulhouse, à l'extrémité d'un embranchement du chemin de fer de Paris à Lyon et à la Méditerranée, allant à Lyon, et sur les lignes de Paris à Bâle (Suisse) et de Paris à Francfort (Allemagne), à 50 Kil. de Bâle et 60 Kil. de Colmar; elle renferme 7,500 habitants.

Cette place fut cédée à la France par l'Autriche, en 1648; c'était alors une ville ouverte; elle fut depuis fortifiée par Vauban. Elle fut prise trois fois à la fin du XVIIe siècle. Louis XIV la donna au cardinal Mazarin, en 1659. Le Duc de Valentinois en fit l'acquisition, en 1781, et la conserva jusqu'à la révolution. Elle fut assiégée en 1814.

Ses fortifications datent de 1686.

Troisième Salle d'exposition (partie de droite).

Besançon.

Plan-relief à l'échelle du $\frac{1}{500}$, de 6^m,21 de longueur, sur 4^m,30 de largeur ; construit en 1714. — Ce plan comprend la place et la citadelle, selon l'état des lieux en 1712.

Besançon est une place forte française de 1ère classe, comprise dans la frontière du Jura ; c'est le chef-lieu du département du Doubs, de la 7e division militaire et de la 1ère subdivision, d'une direction d'artillerie et du génie ; elle dépend du 7e corps d'armée, est le siége d'un Conseil de guerre, et possède une école et un arsenal d'artillerie ; elle est située sur la rive gauche du Doubs et sur deux embranchements du chemin de fer de Paris-Lyon-Méditerranée, allant l'un de Dijon et l'autre de Lyon à Belfort, à 350 Kil. de Paris ; elle renferme 43,500 habitants.

Cette place atteste son antiquité par des monuments romains ; elle était déjà célèbre sous le nom de Vesontio, quand César la prit sur les Séquaniens. Aurélien la fit atteindre à un haut degré de prospérité, qu'elle perdit plus tard à la suite des diverses guerres dont elle a été le théâtre. Elle fut plusieurs fois ruinée par les allemands et rétablie par les bourguignons. Elle devint ensuite ville libre et impériale et se gouverna en république. Le traité de Munster la céda à l'Espagne. En 1674, Louis XIV s'en empara, et elle resta définitivement acquise à la France, avec la Franche-Comté, par le traité de Nimègue, de 1679.

Elle perdit alors la forme de son gouvernement, qu'elle avait conservée sous la domination espagnole, et adopta le gouvernement de la France ; c'est alors qu'elle devint le siège d'un parlement. En 1814, elle fut vainement assiégée pendant trois mois par les Autrichiens.

Cette place est enlacée par le Doubs et située entre deux montagnes et un rocher escarpé, sur lequel est placée la citadelle, l'un des plus beaux ouvrages de Vauban. C'est une des plus fortes villes de la France du côté de la Suisse.

La place, entourée de fortifications, est en outre défendue par le fort Chaudane, le fort Brégille et d'autres ouvrages détachés.

Troisième Salle d'exposition (partie de droite).

Bitche.

—

Plan-relief de la ville et du château, à l'échelle du $\frac{1}{500}$, de 6.^m02 de longueur, sur 5.^m00 de largeur; construit, en 1822, sous la direction de M. le Conservateur Bonnet, par les artistes de la Galerie; restauré et complété, en 1853, par l'addition des fortifications de la ville, sous la direction de M. le conservateur Augoyat.

—

Bitche est une place forte française de 1.re classe, comprise dans la frontière du Nord-Est; c'est un chef-lieu de canton de l'arrondissement de Sarreguemines, dans le département de la Moselle; elle dépend du 3.e corps d'armée et de la 1.re subdivision de la 5.e division militaire; elle est située au pied des Vosges, à 30 Kil. de Sarreguemines, et contient 3,500 habitants.

Cette place appartint longtemps aux anciens Ducs de Lorraine. Les français s'en emparèrent en 1632, et la gardèrent jusqu'au traité de Riswick. Ayant fait retour à la France en 1740, on la mit dans un respectable état de défense. En 1797, les prussiens ont vainement tenté de la prendre.

Elle est bâtie en forme de demi-lune; son château est situé sur une montagne qui domine la ville.

—

Troisième Salle d'exposition (partie de droite).

Fort - Barraulx.

Plan-relief à l'échelle du $\frac{1}{600}$ a, de 4^{m},50 de longueur, sur 4^{m},00 de largeur ; construit en 1674. — Ce plan comprend le fort, avec le village et les environs, le tout suivant l'état des lieux de 1674.

Fort-Barraulx est une place forte française de 1re classe, comprise dans la frontière des Alpes ; c'est un village de l'arrondissement de Grenoble, dans le département de l'Isère ; elle dépend du 4e corps d'armée et de la 1re subdivision de la 22e division militaire, et est située sur la rive droite de l'Isère, à 2 kil. du département de la Savoie, à l'entrée de la vallée du Grésivaudan, sur la route de Grenoble à Chambéry, et à 36 kil. de Grenoble. Elle contient 1700 habitants.

Cette place a été construite en 1596 par Charles-Emmanuel, duc de Savoie ; elle fut prise la même année par le maréchal de Lesdiguières, et elle est restée à la France en vertu du traité de Vervins.

Troisième Salle d'exposition (partie de droite).

Le château d'If.

Plan-relief à l'échelle du $\frac{1}{195}$, de 1,^{m}55 de longueur sur 1,^{m}36 de largeur; construit en 1686. — Ce plan représente le château et le rocher sur lequel il est situé, d'après l'état des lieux en 1686.

Le château d'If est un poste militaire français, compris dans la frontière de la Méditerranée; il fait partie de l'arrondissement de Marseille dans le Département des Bouches-du-Rhône, et dépend du 14e corps d'armée et de la 1ère subdivision de la 9e division militaire; il est situé dans l'île de ce nom, à 3 Kil. de Marseille.

Ce château a été élevé en 1529 par François 1er, et a servi de prison d'État. Les toscans s'en emparèrent peu de temps après sa construction, mais ils le perdirent en 1600.

Il occupe toute l'île d'If, qui ne consiste qu'en un rocher escarpé, dont les bords sont élevés d'environ 60 mètres au-dessus du niveau de la mer. Ce poste est un des meilleurs de la Méditerranée, dans la rade de Marseille. Il se trouve à 3 Kil. de l'entrée du port principal de cette ville, à l'Est de l'île de Pomègue.

L'île d'If a pris son nom des ifs dont elle était couverte anciennement.

(Voir les renseignements sur Marseille, qui suivent ceux donnés sur le fort Saint-Nicolas, page 103.)

Troisième Salle d'exposition (partie de droite).

Landrecies.

Plan-relief à l'échelle du $\frac{1}{600}$ e, de 3^m,91 de longueur, sur 3^m,17 de largeur, construit en 1723. — Ce plan représente la place et la citadelle, d'après l'état des lieux en 1723.

Landrecies est une place forte française de 1ère classe, comprise dans la frontière du Nord; c'est un chef-lieu de canton de l'arrondissement d'Avesnes, dans le département du Nord; elle dépend du 2e corps d'armée et de la 1ère subdivision de la 3e division militaire, et est située près de la forêt de Mormal, sur la rive droite de la Sambre, et sur le chemin de fer du Nord; elle est à 19 kil. d'Avesnes et 27 kil. de Maubeuge. Elle contient 3,500 habitants.

Cette place fut prise par François 1er en 1543. Les français s'y défendirent plus tard contre les forces de Charles-Quint, qui fut obligé de se retirer après un siège inutile de six mois. Elle ne fait définitivement partie de la France que depuis 1659. Ses fortifications ont été perfectionnées par de Ville et de Vauban. En 1712, cette place se défendit contre le prince Eugène. Les autrichiens s'en emparèrent en 1794, mais elle leur fut reprise la même année.

Troisième Salle d'exposition (partie de droite).

Laon.

Plan-relief à l'échelle du $\frac{1}{600}$, de 5^m,25 de longueur, sur 3^m,85 de largeur ; construit en 1858, par les artistes de la Galerie, sous la direction de M. le conservateur Augoyat ; la cathédrale est l'œuvre de M. Clément fils. — Ce plan comprend la place et la citadelle ; le chemin de fer de Tergnier à Reims y est représenté ; le tout d'après l'état des lieux de 1858.

Laon est un poste militaire compris dans la frontière du Nord de la France ; c'est le chef-lieu du département de l'Aisne et de la Ve subdivision de la 2e division militaire ; il dépend du 2e corps d'armée, possède une garnison d'infanterie, et est situé sur le plateau d'une montagne, sur l'un des embranchements du chemin de fer du Nord et sur un autre des ardennes, à 45 Kil. de Reims et 130 Kil. de Paris. Il renferme 8,000 habitants.

Laon, autrefois *Lodunum*, date du IIIe siècle, ce n'était qu'un château dont Clovis-le-grand fit une ville. Louis IV d'Outre-mer l'assiégea deux fois. En 1128, la ville de Laon fut instituée en commune, sa charte de franchise fut supprimée en 1322 ; en 1332, elle obtint une nouvelle charte. Elle fut livrée aux anglais, en 1419, par le Duc de Bourgogne, et revint à Charles VII en 1429. Henri IV y entra en 1594, il l'entoura de fortifications et y éleva une citadelle. Napoléon Ier y battit Blücher en 1814, mais le corps d'armée du Duc de Raguse y fut défait à la même époque. Après la bataille de Waterloo, les français s'y maintinrent jusqu'au mois d'août 1815, époque où les alliés y entrèrent.

Troisième Salle d'exposition (partie de droite).

Le passage du pont de Lodi.

Relief construit, en 1805, par M. Boitard ainé. — Il représente le brillant fait d'armes exécuté, en 1796, par les français, sous le commandement du général Bonaparte.

Lodi est une ville du nouveau royaume d'Italie (ancienne ville du royaume Lombard-Vénitien); elle est située sur l'Adda, à 30 Kil. de Milan, et contient 13,000 habitants.

Cette ville fut conquise, en 1859, sur les autrichiens, par l'Empereur Napoléon III, comme faisant partie de la Lombardie, qui fut cédée par ce monarque au roi Victor-Emmanuel, à la suite de la glorieuse campagne d'Italie par les armées françaises et Sardes.

Troisième Salle d'exposition (partie de droite).

Maubeuge.

Plan-relief à l'échelle du $\frac{1}{600}$, de 5^{m}61 de longueur, sur 5^{m}23 de largeur ; construit en 1830, par les artistes de la Galerie, sous la direction de M. le conservateur Bonnet. — Ce plan contient la place et un camp retranché, selon l'état des lieux de 1830.

Maubeuge est une place forte française de 1ère classe, comprise dans la frontière du Nord ; c'est un chef-lieu de canton de l'arrondissement d'Avesnes, dans le département du Nord ; elle dépend du 2e corps d'armée et de la 1ère subdivision de la 3e division militaire, possède une garnison de cavalerie, et est située sur la rive gauche de la Sambre et sur le chemin de fer du Nord, à 26 Kil. d'Avesnes et de Valenciennes ; elle contient 4,000 habitants.

Cette place date de la fondation d'un chapitre de chanoinesses, en 618, par Sainte-Aldegonde ; c'était autrefois la capitale du Hainaut ; elle a été prise et reprise plusieurs fois par les français et par les espagnols. Louis XIV s'en rendit maître en 1649 ; ses remparts furent détruits en 1680, et elle fut fortifiée de nouveau par Vauban. Le prince de Cobourg l'attaqua en 1793, avec 65,000 hommes ; il en leva le siège à la suite de la victoire remportée par les français, à Watignies, sur les autrichiens, le 18 octobre de la même année. Les prussiens y entrèrent en 1815.

Cette place est entourée d'une enceinte bastionnée et défendue par plusieurs redoutes.

<u>Troisième Salle d'exposition (partie de droite).</u>

Neufbrisach.

Plan-relief à l'échelle du $\frac{1}{600}$, de 4^m,50 de longueur, sur 3^m,50 de largeur, construit en 1706. — Il représente la place seulement, suivant l'état des lieux de 1706.

Neufbrisach est une place forte française de 1ère classe, comprise dans la frontière du Rhin; c'est un chef-lieu de canton de l'arrondissement de Colmar, dans le département du Haut-Rhin; elle dépend du 3e corps d'armée et de la 2e subdivision de la 6e division militaire, possède une garnison d'infanterie, et est située sur la rive gauche du Rhin; elle contient 2,000 habitants.

Cette place a été élevée, en 1690, par Louis XIV, pour l'opposer à celle de Vieuxbrisach, qu'il avait perdue à la paix de Riswick. Vauban y appliqua son dernier système de fortification. Elle sert à garantir l'Alsace.

Le fort Mortier, sur le Rhin forme tête de pont; il est à 2 kilomètres de la place.

Troisième Salle d'exposition (partie de droite).

Rocroi.

—

Plan-relief à l'échelle du $\frac{1}{600}$, de 4,m 30 de longueur, sur 3,m 60 de largeur, construit en 1701. — Il représente la place et ses environs, d'après l'état des lieux en 1701.

——

Rocroi est une place forte française de 1ère classe, comprise dans la frontière du Nord-Est; c'est un chef-lieu d'arrondissement dans le département des Ardennes; elle dépend du 2e corps d'armée et de la 3e subdivision de la 4e division militaire, et est située sur un plateau, à 20 Kil. de la Belgique, 30 Kil. de Mézières, et à 26 Kil. d'un embranchement du chemin de fer des Ardennes; elle contient 1,100 habitants.

Cette place n'était qu'un village au temps de François Ier, qui la fit fortifier en 1537. Henri II augmenta ses fortifications. Elle fut assiégée par les espagnols, qui se retirèrent devant le Duc d'Enghien, depuis le Grand-Condé, à la suite de la victoire du 19 mai 1643, laquelle a conservé le nom de la ville. En 1643, l'armée espagnole s'en rendit maîtresse. Elle revint à la France en 1659, en vertu du traité des Pyrénées.

——

Troisième Salle d'exposition (partie de droite).

Le fort Saint-Nicolas, à Marseille.

Plan-relief à l'échelle du $\frac{1}{183^e}$, de 1ᵐ,42 de longueur, sur 1ᵐ,30 de largeur ; construit en 1684. — Il représente le fort et le rocher sur lequel il est assis, d'après l'état des lieux en 1684.

Le fort Saint-Nicolas est un poste militaire compris dans la frontière de la Méditerranée ; il dépend de Marseille et du 14ᵉ corps d'armée, ainsi que de la 1ʳᵉ Subdivision de la 9ᵉ division militaire ; il est situé dans le département des Bouches-du-Rhône, et s'élève sur un rocher au Sud du port, dont il défend l'entrée, et commande la ville de Marseille.

Marseille est lui-même un poste militaire ; c'est le chef-lieu du département des Bouches-du-Rhône, de la 9ᵉ Division militaire et de la 1ʳᵉ Subdivision, ainsi que d'une direction du génie ; il dépend du 14ᵉ corps d'armée, est le 1ᵉʳ port commercial, et, par sa population, la 3ᵉ ville de France. Ce poste est situé sur la Méditerranée, à l'extrémité du chemin de fer de Paris-Lyon-Méditerranée et de la voie ferrée allant à Toulon, à 60 kil. de cette dernière ville et 800 kil. de Paris. Il renferme 185,000 habitants.

Marseille (Massilia), fut fondée, vers l'an 600 avant J.-C., par une colonie de phocéens. Harpage, général de Cyrus, en vint faire le siége. Peu de temps après, elle se forma en république ; alliée des Romains, elle n'en résista pas moins à Jules César, et ne se rendit qu'après un long siége. A la chute de l'Empire romain, les goths, les

Bourguignons et les Francs s'en disputèrent la possession. Les Sarrasins la ruinèrent ensuite. En 768, elle fut réunie à la couronne de France. Elle s'affranchit en 1214, et se forma de nouveau en république; elle fut soumise en 1251 par les comtes de Provence; et, en 1482, Louis XII la réunit encore à la couronne. François Ier augmenta ses fortifications, et Louis XIV y fit construire plusieurs forts.

En outre du fort Saint-Nicolas, Marseille et ses dépendances sont aujourd'hui protégées et défendues par le fort Saint-Jean et les ouvrages de fortification des îles de Ratonneau, de Pomègues et d'If (1).

Marseille est la patrie du général Gardane.

(1) Voir, page 96, les renseignements donnés par l'article concernant le château d'If.

Troisième Salle d'exposition (partie de droite).

Le Simulacre d'assaut d'une ville fortifiée à la moderne.

Relief construit en 1805 par M. Boitard ainé.

C'est un fait d'armes militaire supposé.

Troisième Salle d'exposition (partie de droite).

La Suisse.

Carte en relief à l'échelle du $\frac{1}{29,673}$e, pour les dimensions horizontales, et à l'échelle du $\frac{1}{16,425}$e, pour les dimensions verticales; de 7^m,84 de longueur, sur 6^m,15 de largeur; modelée en pâte de carton, en 1822, par M. Léonard Gaudin, membre de la Société des Beaux-arts de Genève, et restaurée, à la Galerie, en 1835. — Ce relief représente toute la surface du pays, avec ses montagnes, ses glaciers, ses lacs, l'hospice des chartreux, etc.; le tout d'après l'état des lieux en 1835.

Nota. — Deux tableaux sont appliqués contre le mur vis-à-vis de ce relief: l'un est un petit plan d'ensemble, sur lequel près de 500 positions sont indiquées par un numéro; l'autre est une légende qui donne, pour chaque numéro, le nom de la position et les détails qui y sont relatifs.

La **Suisse**, en italien Svizzera, en allemand Schweiz, est une république fédérative de l'Europe centrale, qui est divisée aujourd'hui en vingt-deux cantons. Elle a le grand-duché de Bade pour limite au Nord, avec le Rhin pour ligne de démarcation; le lac de Constance la sépare, au Nord-Est, du Wurtemberg et de la Bavière; à l'Est, elle est bornée par le Tyrol, vers lequel sa frontière est déterminée par le Rhin et des branches des Alpes; elle touche, du côté du Sud, à l'ancienne Lombardie et aux états Sardes; sa limite, de ce côté, forme une ligne très irrégulière, qui suit en grande partie la crête des Alpas; à l'Ouest, le Doubs, le Jura et le Rhône, la séparent de la France. Elle a 312 kilomètres de longueur, de l'Est à l'Ouest. Sa population est de 2,400,000 habitants.

Ce pays correspond à celui d'Helvétie. Les romains en soumirent plusieurs régions. Au commencement du Ve siècle, les Bourguignons s'emparèrent d'une portion de la contrée, et les allemands du reste. Peu de temps après, les francs prirent tout le pays, dont une portion fit ensuite partie du royaume de Bourgogne-Transjurane, et l'autre portion fut incorporée au duché de Souabe. La Suisse fit entièrement partie de l'Empire germanique en 1032. En 1308, les cantons de Schwitz, d'Uri et d'Unterwald durent leur affranchissement à Guillaume Tell, et formèrent une confédération qui prit le nom de Suisse, et qui s'augmenta, en 1332, de Lucerne; en 1351, de Zürich; en 1352, de Glaris et de Zug; en 1353 de Berne; en 1481, de Soleure et de Fribourg; en 1501, de Bâle et de Schaffhouse; et en 1513, d'Appenzell. Au XVe siècle, il y eut des guerres contre Charles VII et Charles-le-Téméraire. En 1515, les Suisses furent vaincus par François Ier à Marignan. En 1798, une armée française envahit le pays, qui prit le nom de république Helvétique. Mulhouse, Genève et Bienne furent alors incorporées à la France. La Suisse fut en 1799 le théâtre de la guerre entre les français et l'armée Austro-Russe. Le pays fut de nouveau, en 1802, constitué en confédération. En 1810, le Valais appartint à la France. En 1815, le Valais, Genève et Neufchâtel rentrèrent dans la confédération. Par un acte du congrès de Vienne la confédération Suisse reprit toutes les cessions faites à la France, excepté Mulhouse, et acquit une partie du pays de Gex et de la Savoie. La neutralité perpétuelle de son territoire fut reconnue et garantie par les grandes puissances signataires du traité. En cas de guerre, la Suisse peut mettre sur pied une armée de 34,000 hommes; on évalue la levée en masse à 200,000.

Le plus haut sommet de ce pays est le Mont Rosa (4,860 mètres au-dessus du niveau de la mer); viennent ensuite: le Mont-Cervin (4,624^{m},00); le Grand-Saint-Bernard (3,560^{m},00), où se trouve l'hospice si renommé des Chartreux; le Simplon (3,442^{m},00), qui doit sa célébrité à la route si admirable construite par les français; le Saint-Gothard (3,102^{m},00). Les plus grands lacs sont ceux de Genève, de Constance, de Neufchâtel, de Waldstettes, de Zürich, le lac Majeur et celui de Brientz.

Cette contrée est remarquable par ses éternels glaciers et des sites pittoresques.

Troisième Salle d'exposition (partie de gauche).

Aire.

Plan-relief à l'échelle du $\frac{1}{600}$ e, de $5^m,90$ de longueur, sur $4^m,67$ de largeur; construit en 1745 par Nézot. — Ce plan représente la place et ses environs, d'après l'état des lieux en 1745.

Aire est une place forte française de 1ère classe, comprise dans la frontière du Nord; c'est un chef-lieu de canton de l'arrondissement de Saint-Omer, dans le département du Pas-de-Calais; elle dépend du 2e corps d'armée et de la 2e subdivision de la 3e division militaire, et est située sur la rive droite de la Lys et près du chemin de fer du Nord, à 16 Kil. de Saint-Omer; elle contient 5,000 habitants.

Cette place remonte à l'an 630; elle fut fondée par Lidoric, comte de Flandre; puis ravagée, en 881, par les normands. Le maréchal de la Meilleraye la prit en 1641, elle fut reprise ensuite par les espagnols. Le maréchal d'Humières s'en empara en 1676, puis rendue par capitulation en 1710. Elle fut restituée à la France en vertu du traité d'Utrecht de 1713.

Le fort Saint-François et des ouvrages détachés concourent à la défense.

Troisième salle d'exposition (partie de gauche)

Belle-île.

Plan-relief à l'échelle du $\frac{1}{600}$, de 2 m 50 de longueur, sur 2 m 38 de largeur ; construit en 1704, par M. Teissier. — Ce plan représente la ville de Palais et la citadelle, d'après l'état des lieux en 1704.

Belle-île est une place forte française de 1re classe, comprise dans la frontière de l'Océan ; c'est un chef-lieu de canton de l'arrondissement de Lorient, dans le département du Morbihan, elle dépend du 5e corps d'armée et de la 2e subdivision de la 16e division militaire, possède un petit port d'échouage, et est située dans l'Océan, à 12 kil. de Quiberon et à proximité du chemin de fer de Paris à Saint-Nazaire ; elle contient 10,000 habitants.

Belle-île était dans l'origine habitée par des forbans, d'où lui est venu le nom d'île des Larrons, qu'elle perdit après la dispersion de ces brigands. Elle appartint ensuite à des moines, qui la cédèrent à Charles IX. Après avoir été érigée en marquisat et avoir été achetée par le Surintendant Fouquet, qui la fit fortifier, elle revint à Louis XV. Les Anglais s'en emparèrent en 1761 et la rendirent en 1763 en vertu du traité de Versailles.

L'endroit principal de cette île, qui a 15 kilomètres sur 8 kilomètres, dans sa plus grande longueur et sa plus grande largeur, est la ville de Palais.

Sa citadelle sert de prison d'état.

Troisième Salle d'exposition (partie de gauche).

Calais.

Plan-relief à l'échelle du $\frac{1}{600}$, de 7^m,53 de longueur, sur 4^m,63 de largeur; construit en 1691, et restauré en 1833. — Ce plan représente la place avec sa citadelle, le fort Nieulay, le bassin des bateaux à vapeur et la basse-ville, le tout d'après l'état des lieux en 1833.

Calais est une place forte française de 1ère classe, comprise dans la frontière du Nord; c'est un chef-lieu de canton de l'arrondissement de Boulogne, dans le département du Pas-de-Calais; elle dépend du 2e corps d'armée et de la 2e subdivision de la 3e division militaire, possède un port et une garnison d'infanterie, et est située sur la Manche et à l'extrémité d'un embranchement du chemin de fer du Nord, à 31 Kil. de Boulogne; elle renferme 11,000 habitants.

Cette place était déjà fortifiée en 1228. En 1347, Edouard III d'Angleterre ne put la prendre que par famine. En 1558, le duc de Guise la reprit. Albert la prit aussi en 1596, mais elle fut restituée deux ans après.

Calais passe pour être la première place contre laquelle on ait employé des pièces d'artillerie.

Son port offre la plus courte traversée de France en Angleterre: de Calais à Douvres, la distance n'est que de 30 Kilomètres.

Le siège de 1347 rappelle la courageuse défense de Jean de Vienne et le dévouement d'Eustache de Saint-Pierre et de ses compagnons.

Troisième Salle d'exposition (partie de gauche).

Le fort de la Conchée.

Plan-relief à l'échelle du $\frac{1}{72^e}$, de 2^{m}05 de longueur, sur 1^{m}75 de largeur ; construit en 1700, et restauré par les artistes de la Galerie, en 1813, sous la Direction de M. Bonnet. — Ce plan représente le fort et le rocher sur lequel il est construit, d'après l'état des lieux en 1813.

L'île de la **Conchée** sur le rocher de laquelle se trouve le fort du même nom et qui est classé comme poste militaire faisant partie de la frontière de l'Océan, est comprise dans l'arrondissement de Saint-Malo et le département d'Ille-et-Vilaine ; elle dépend du 5e corps d'armée et de la 1ère subdivision de la 16e division militaire, et est située dans la Manche, à 4 kil. de Saint-Malo.

Troisième Salle d'exposition (partie de gauche).

Constantine.

Deux plans-reliefs : — Celui de la place à l'échelle du $\frac{1}{200}$, construit en liége, sur les lieux, par MM. Duclaux et Abadie ; les maisons et les édifices de la ville sont l'ouvrage du premier de ces artistes qui mourut en 1846 et laissa la ville inachevée ; le rocher de Constantine et le ravin du Rummel ont été exécutés sous la direction de M. Abadie. Il comprend le rocher sur lequel la ville est située, les berges du profond ravin du Rummel, qui la ceint sur la moitié de son pourtour, et les cascades que forme la rivière, d'après l'état des lieux en 1851. — L'autre plan, qui a été modelé en plâtre, en 1837, par M. Camille Pupier, représente le front d'attaque de la place ; il est exécuté à l'échelle du $\frac{1}{2500}$. Ce dernier relief se trouve posé sur celui de la ville.

Constantine est une place forte française de 2ᵉ classe ; c'est le chef-lieu du département de ce nom en Algérie ; c'est aussi celui de la subdivision militaire du même nom, d'une direction d'artillerie et d'une direction du génie ; elle dépend du 7ᵉ corps d'armée et de la division militaire d'Alger, est le siége d'un conseil de guerre et d'un conseil de révision et possède une poudrerie, un dépôt de remonte et une garnison d'infanterie et de cavalerie ; elle est située sur le Rummel, à 80 Kil. de la Méditerranée et 270 Kil. d'Alger ; elle renferme 46,000 habitants, dont 30,000 indigènes.

Cette place, autrefois appelée Cirta, est célèbre par

l'antiquité de son origine, par ses rois, par ses longues guerres avec Rome et Carthage. Elle a fait partie de l'ancienne Numidie. Ses fortifications sont dues aux romains. Elle fut, sous les arabes, la résidence d'un bey, gouverneur de la province, et qui dépendait du Dey d'Alger. Les français, sous les ordres du maréchal Clausel, l'attaquèrent sans succès, en 1836, par la porte El-Kantara ; mais ils la prirent en 1837, sous le commandement du général Valée, qui l'attaqua par la porte Bab-el-Oued, aujourd'hui appelée porte de la Brèche. Depuis cette époque, elle appartient à la France.

Cette place est située sur un immense rocher et est baignée, presque de tous côtés, par le Rummel (Oued-el-Kébir). Les cascades que forme cette rivière, à Constantine, sont un superbe spectacle lorsqu'elle a été grossie par les pluies ; le travail des eaux, pour parvenir à la dernière arcade, d'où elles s'échappent, a été si régulier, la disposition des pierres qui la forment est si voisine des constructions de la ville, que les étrangers sont tentés d'attribuer cette arcade au travail de l'homme.

On voit dans cette ville beaucoup de ruines.

C'est la patrie de Jugurtha et de Massinissa.

Troisième Salle d'exposition (partie de gauche).

Douai.

Plan-relief à l'échelle du $\frac{1}{600}$ e, de 8ᵐ,34 de longueur, sur 5ᵐ,19 de largeur, construit en 1711. — Ce plan comprend la place et ses environs, ainsi que le fort de Scarpe et d'autres ouvrages détachés; le tout suivant l'état des lieux en 1711.

Douai est une place forte française de 1ᵉʳᵉ classe, comprise dans la frontière du Nord; c'est un chef-lieu d'arrondissement dans le département du Nord; elle est aussi le chef-lieu d'une direction d'artillerie, et dépend du 2ᵉ corps d'armée et de la 1ᵉʳᵉ subdivision de la 3ᵉ division militaire; elle possède une école d'artillerie, une fonderie, un arsenal d'artillerie et une garnison d'infanterie et d'artillerie, et est située sur la Scarpe et sur le chemin de fer du Nord, à 25 kil. de Cambrai et 32 kil. de Lille. Elle renferme 23,600 habitants.

Cette place est une des plus anciennes villes de France; elle faisait partie de la Gaule-Belgique, et était déjà très importante sous les premiers comtes de Flandre. Philippe-le-bel s'en empara en 1297. Charles V la rendit au comte Louis de Flandre en 1368. Philippe II, roi d'Espagne, y fonda une université en 1552. Elle fut prise par Louis XIV en 1667. Les alliés la lui enlevèrent en 1710. Les Français la reprirent deux ans après, et le traité d'Utrecht en assura la possession à la France.

Les fortifications de Douai sont irrégulières; elles sont flanquées de tours; elle est plus défendue par le fort de Scarpe.

Troisième Salle d'exposition (partie de gauche).

Gravelines.

Plan-relief à l'échelle du $\frac{1}{600}$, de 4 ^{m} 60 de longueur, sur 3 ^{m} 73 de largeur, construit en 1699. — Ce plan représente la place, avec son réduit et le terrain environnant, le tout d'après l'état des lieux en 1699.

Gravelines est une place forte française de 1ère classe, comprise dans la frontière du Nord; c'est un chef-lieu de canton de l'arrondissement de Dunkerque, dans le département du Nord; elle dépend du 2e corps d'armée et de la 1ère subdivision de la 3e division militaire, possède un port et est située sur la rive gauche de l'Aa, à proximité du chemin de fer du Nord, et à 20 Kil. de Dunkerque; elle contient 6,000 habitants.

Cette place ne date que du XIIe siècle; c'est Thierry, comte de Flandre qui la fonda et y établit un port. En 1383, les anglais la ruinèrent; elle se rétablit plus tard, et le Duc de Bourgogne la réunit à ses états en 1405. Charles-Quint y fit construire, en 1526, un château fort, qui fut détruit dans les guerres suivantes. Elle fut prise par Gaston d'Orléans en 1644, et reprise par l'archiduc Léopold en 1652. Les français s'en rendirent maîtres en 1658; elle leur est restée en vertu du traité des Pyrénées, conclu en 1659.

Gravelines, dont le port est situé près de l'embouchure de l'Aa dans le Pas-de-Calais, a été fortifiée de nouveau par Vauban et de Ville. Ses fortifications sont aujourd'hui en bon état. Le fort Philippe concourt à la défense.

Troisième Salle d'exposition (partie de gauche).

Les îles de Lérins.

Plan-relief des deux îles à l'échelle du $\frac{1}{1200}$e, de 1 m 60 de longueur, sur 1 m 40 de largeur, construit en 1728. — Ce plan représente entièrement les deux îles : de Sainte-Marguerite, avec son château, et de Saint-Honorat, d'après l'état des lieux en 1728.

Les îles de **Lérins** sont une position militaire, ayant un fort qui est construit dans celle des deux îles qui porte le nom de Sainte-Marguerite. Elles font partie de l'arrondissement de Grasse dans le département des Alpes-Maritimes, et sont comprises dans la frontière de la Méditerranée ; elles dépendent du 4e corps d'armée et de la 5e subdivision de la 9e division militaire, et sont situées dans la Méditerranée à 4 kil. de Cannes, 12 kil. d'Antibes et 20 kil. de Grasse.

Elles se trouvent en face du golfe de la Napoule ; ce sont deux îlots entourés d'écueils. Sainte-Marguerite (ancienne Léro), est la plus considérable ; elle est à deux kilomètres du continent ; elle a quatre kilomètres de longueur sur un kilomètre de largeur ; cette île offre une rade excellente et possède un château fortifié, servant aujourd'hui de prison d'état, et dans lequel fut détenu jadis l'homme au masque de fer. Saint-Honorat (ancienne Lérina), n'a que 800 mètres sur 350 mètres. Ces deux îles sont séparées par un canal.

Elles furent prises par André Doria en 1536 et par les espagnols en 1635. Les français s'en rendirent maîtres en 1638 ; les anglais s'en emparèrent en 1746, et en 1747 le maréchal de Belle-Isle les en chassa.

Troisième Salle d'exposition (partie de gauche).

Le Mont-Saint-Michel.

Plan-relief à l'échelle du $\frac{1}{131}$, de 2ᵐ23 de longueur, sur 1ᵐ60 de largeur, construit en 1701. — Ce plan représente le château fortifié, ainsi que le village, d'après l'état des lieux en 1701.

Le Mont-Saint-Michel est un poste militaire de la France compris dans la frontière de l'Océan ; c'est un village de l'arrondissement d'Avranches dans le Département de la Manche ; il dépend du 4ᵉ corps d'armée et de la 5ᵉ subdivision de la 16ᵉ Division militaires et est situé sur la Manche, à 11 kil. d'Avranches. La population du village de ce nom est de 300 habitants.

Ce poste est situé sur un mont à sol roccailleux d'environ un kilomètre de circuit ; il forme île à marée haute et à marée basse il est à sec sur une vaste plage sablonneuse.

Son château fortifié sert de prison d'état. C'était une ancienne abbaye de l'ordre Saint-Michel, fondée au commencement du VIIIᵉ siècle.

Troisième Salle d'exposition (partie de gauche)

La forteresse du Mont-Valérien.

Plan-relief à l'échelle du $\frac{1}{500^e}$, de 2^m,26 de longueur, sur 2^m,15 de largeur; construit, en 1844, par les artistes de la galerie, sous la direction de M. le conservateur Audé. Ce plan est à pièces mobiles. — Il représente la forte-resse et ses environs; ainsi que la station de Suresnes sur le chemin de fer de Paris à Versailles par la rive droite de la Seine; le tout d'après l'état des lieux en 1844.

Ce relief avait été construit pour servir à l'instruction du jeune Comte de Paris, et se trouvait au pavillon Marsan, d'où il a été retiré après 1848 pour rentrer à la galerie.

La forteresse du **Mont-Valérien** est une place forte française de 1re classe, comprise dans la série des places de la frontière du Nord; elle fait partie de l'arrondisse-ment de Saint-Denis, dans le département de la Seine, et dépend du 1er corps d'armée et de la 1re subdivision de la 1re division militaire; elle est située sur un plateau, près de la rive gauche de la Seine, et à proximité du chemin de fer de Paris à Versailles (rive droite), et à 11 Kil. de Paris et 14 Kil. de St-Denis.

Cette forteresse se trouve sur un plateau autrefois appelé le Calvaire, près du village de Suresnes, à 136 mè-tres au-dessus du niveau de la Seine. Elle est très-forte et fait partie du système de défense de Paris. Sa construction a eu lieu sous le règne de Louis-Philippe Ier; les travaux ont été dirigés par le maréchal Bode; commencés en 1841, ils ont été terminés en 1846. — La population du village de Suresnes est de 3,000 habitants.

Paris est maintenant une place forte de 1ère classe; c'est la capitale de l'Empire français, le chef-lieu du département de la Seine, de la 1ère division militaire et de la 1ère subdivision, le quartier général du 1er corps d'armée, le siège des conseils de guerre et de révision de la division militaire; elle possède plusieurs hôpitaux et un grand nombre d'établissements militaires, ainsi qu'une garnison d'infanterie, de cavalerie, d'artillerie, du génie, etc.; la ville est divisée en vingt arrondissements, et est située sur la Seine, qui la traverse dans la direction du Sud-Est au Nord-Est; elle est le centre des divers réseaux de chemins de fer français, à 330 Kil. de l'Océan, 525 Kil. de la Méditerranée, 290 Kil. de Londres, 260 Kil. de Bruxelles, 785 Kil. de Berlin, 1,056 Kil. de Madrid, 1,398 Kil. de Vienne, 1785 Kil. de Rome, 2,060 Kil. de Constantinople et 3,050 de Saint-Petersbourg. Elle renferme 1,450,000 habitants.

La place de Paris est depuis 1841 entourée d'une enceinte continue de 34 kilomètres de développement et flanquée de 94 bastions, qui peuvent être armés de 658 pièces de canon. Sa défense est en outre assurée par la place de Vincennes, la redoute et le retranchement de Saint-Maur, les forts de Charenton, de Nogent, de Rosny, de Noisy, de Romainville, d'Aubervilliers, de l'Est, de la Briche et la double couronne du Nord, à Saint-Denis, détachés sur la rive droite de la Seine; et par la forteresse du Mont-Valérien et les forts d'Issy, de Vanves, de Montrouge, de Bicêtre et d'Ivry, détachés sur la rive gauche de la rivière. L'armement de tous ces ouvrages peut être évalué à 1,200 bouches à feu.

Troisième Salle d'exposition (partie de gauche).

L'île de la Réunion.

Carte en relief à l'échelle du $\frac{1}{130,000}$, exécutée sur les lieux, en 1853, par M. Maillard, ingénieur de la colonie, et peinte ensuite dans les ateliers de la Galerie. — Elle représente l'île tout entière, avec ses plateaux, ses vallées, ses rades et ses nombreux cours d'eau ; le tout d'après l'état des lieux en 1853.

Cette carte est suspendue le long du mur.

L'île de la Réunion est une colonie française, dont le chef-lieu est Saint-Denis (île d'Afrique dans l'Océan indien) ; elle fait partie du groupe des Mascareignes, et possède une garnison de 1,200 hommes ; elle est située à 140 Kil. de Saint-Maurice, 540 Kil. de Madagascar, 640 Kil. de Rodrigue, 3,000 Kil. du Cap, et 16,230 Kil. de Brest. Sa population est de 120,000 habitants, dont 75,000 étaient esclaves autrefois.

Cette île fut découverte par un portugais nommé Mascarenhas, qui lui donna le nom de Mascareigne. Les français l'occupèrent en 1642. Un de nos gouverneurs qui en prit de nouveau possession en 1649, l'appela Ile Bourbon. On la nomma La Réunion sous la première république française, et sous le premier empire Ile Bonaparte. Elle fut sous la domination anglaise de 1810 à 1815. Puis elle fut rendue à la France et reprit le nom d'Ile Bourbon. À partir de 1848, elle s'appelle pour la seconde fois, Ile de la Réunion.

Cette île a 77 kilomètres de longueur sur 53 kilomètres de largeur ; deux plateaux existent dans sa partie centrale : l'un, de 1,100 mètres de hauteur et l'autre de 1,600 mètres ; le premier s'appelle Plaine des Palmistes, l'autre se nomme Plaine des Cafres ; le Gros-Morne, situé au Nord, est un volcan éteint ; le Piton de Fournaise, au Sud, est toujours en activité.

Cette île, la seule relâche que la France possède pour ses navires dans les mers de l'Inde, n'avait point de ports, mais seulement quelques rades. Le gouvernement français, sentant ce défaut, vient de la doter d'un port ; les travaux sont commencés : deux jetées, un épi et deux barrages occupent plus d'un kilomètre de développement. 2,000,000 au compte de la Colonie et 1,000,000 au compte de la Marine sont déjà dépensés. L'ensemble de la dépense de ce port est estimée à 10,000,000. Cet ouvrage sera l'œuvre capitale de la Colonie.

Troisième salle d'exposition (partie de gauche).

Saint-Omer.

Plan-relief à l'échelle du $\frac{1}{600}$, de $10^m,65$ de longueur, sur $5^m,74$ de largeur; construit en 1758 par Gengembre. — Le plan représente la place, la citadelle, les divers cours d'eau, les forts détachés et un camp retranché; le tout suivant l'état des lieux en 1758.

Saint-Omer est une place forte française de 1ère classe, comprise dans la frontière du Nord; c'est un chef-lieu d'arrondissement dans le département du Pas-de-Calais; c'est aussi le chef-lieu d'une direction d'artillerie et d'une autre du génie; elle dépend du 2e corps d'armée et de la 2e subdivision de la 3e division militaire, et possède un petit port et une garnison d'infanterie; elle est située sur l'Aa et sur un embranchement du chemin de fer du Nord, à 16 Kil. d'Aire, 35 Kil. de Dunkerque et 68 Kil. d'Arras; sa population est de 19,000 habitants.

Cette place, originairement Sithiu, fut d'abord un bourg, qui se forma, en 640, autour d'un château-fort construit sur le mont-Sithiu. Elle appartint, à partir de 645, à Saint-Omer, évêque de Thérouenne. L'abbé Foulques, de l'ordre des Bernardins, et Baudouin II l'entourèrent de murailles. C'est vers 902 que cette place quitta son ancien nom pour prendre celui de Saint-Omer. Elle fut détruite en partie en 1152 par un incendie. Baudouin V l'agrandit, et Charles-Quint augmenta ses fortifications. Elle fut assiégée vainement, en 1447 par Louis XI, qui dix ans plus tard fut plus heureux en la prenant. Les habitants s'étant révoltés, en 1489, la livrèrent aux bourguignons. Louis XI la reprit en 1492; mais l'archiduc Maximilien s'en empara peu de temps après. Les français tentèrent vainement de la prendre en 1638, mais ils y réussirent en 1677, après la bataille de Cassel. L'année suivante, le traité de Nimègue leur en assura la possession.

Saint-Omer est entourée d'une bonne enceinte, qui a environ 4 kil. de circonférence, et de fossés que l'on peut remplir d'eau, même dans la haute ville. En temps de siège, tous les environs peuvent être facilement inondés, excepté vers le sud, endroit où elle est appuyée sur le Mont-des-Cravattes, qui est d'un accès difficile, et où se trouve le front du corps de place le plus élevé.

La place de Saint-Omer est en outre défendue, ainsi que ses environs, par la lunette Saint-Michel, le fort Notre-Dame-de-grâce et le fort des Vaches; par les vastes marais qui environnent les faubourgs fortifiés de Haut-Pont et de Lizel; par le fort des Quatre-Moulins, la redoute du Nord et divers autres ouvrages détachés.

Le faubourg du Haut-Pont s'étend au Nord de la ville, sur les bords du canal de Neuf-Fossé réunissant la Lys à l'Aa.

Il se trouve dans les environs de cette place diverses positions militaires importantes, telles que les hauteurs de Nieurlet, où les lignes du maréchal de Châtillon furent forcées en 1638; le plateau des Bruyères, où le prince de Condé campait en 1788; et le camp d'Helfaut, occupé, en 1816 par les anglais, mais plus heureusement connu par les grandes manœuvres qu'y exécutèrent, en 1827, les troupes françaises.

Saint-Omer a été en 1805 le point désigné pour le départ de la flottille destinée contre l'Angleterre.

Elle s'appela Morin-la-Montagne sous la première république.

Troisième Salle d'exposition (partie de gauche).

Le Simulacre de passage de vive force d'un pont.

Relief construit en 1805 par M. Boitard aîné.

C'est un fait d'armes militaire supposé.

Quatrième salle d'exposition.

Le Défilé des Troupes de l'armée d'Orient

Plan-relief à l'échelle d'environ 0^m,012 pour 1^m,00; de 2^m,60 de longueur, sur 1^m,50 de largeur; construit par M. Foulley, ancien militaire de l'Empire, qui en a fait hommage à Sa Majesté l'Empereur Napoléon III.

Il représente le Défilé, sur la place Vendôme, des premières troupes de l'armée d'Orient rentrant à Paris, le 29 Décembre 1856.

Quatrième Salle d'exposition.

L'Hôtel de ville de Paris.

Relief à l'échelle d'environ $0^m,012$ pour $1^m,00$; de $2^m,47$ de longueur, sur $1^m,92$ de largeur; construit par M. Foulley, ancien militaire de l'Empire, qui en a fait hommage à Sa Majesté l'Empereur Napoléon III.

Il représente l'arrivée du Duc d'Orléans à l'hôtel de ville, le 31 juillet 1830.

Quatrième Salle d'exposition.

La défense de Mazagran.

Relief à l'échelle d'environ $0^m,012$ pour $1^m,00$; de $1^m,75$ de longueur, sur $1^m,66$ de largeur ; construit par M. Foulley, ancien militaire de l'Empire, qui en a fait hommage à Sa Majesté l'Empereur Napoléon III.

Il représente la défense de Mazagran, (Algérie) par 123 braves français, contre une nuée d'arabes, les 3, 4 et 5 février 1840.

Quatrième Salle d'exposition.

Le fort Médoc.

Plan-relief construit en 1703 et restauré en 1771. — Il représente le fort et ses environs, d'après l'état des lieux en 1703.

Le fort Médoc est un poste militaire de la France, compris dans la frontière de l'Océan; il fait partie du département de la Gironde, et il dépend du 6e corps d'armée et de la 1re subdivision de la 14e division militaire.

Cet ouvrage est situé vis-à-vis d'un îlot de la Gironde appelé le pâté de Blaye. Il sert à intercepter le passage du fleuve.

17

Quatrième Salle d'exposition.

Vue des ruines de Saragosse.

Plan-relief de 0.^m 85 de longueur, sur 0.^m 43 de largeur. — Ce relief représente l'état des lieux après le siège de cette ville (attaque de droite) en juin 1809.

Fin

E. Lechalat, Grande-rue, N° 120,
à Paris-Vaugirard.

On trouve

chez le même auteur le *Catalogue des Plans-
reliefs des Places de guerre, pour l'Exposition
annuelle de 1863*, vol. in-16. Prix 60 centimes,
broché.